Markus Fritsche

Der Inselabdruck

Originalausgabe – Erstdruck

Markus Fritsche

Der Inselabdruck

Fußspuren auf Sardinien

Schardt Verlag

Die Deutsche Bibliothek - CIP-Einheitsaufnahme

Ein Titeldatensatz für diese Publikation ist bei
Der Deutschen Bibliothek erhältlich.

Umschlag: Pietro Flore, Orosei

4. Auflage 2014
3. Auflage 2007
2. Auflage 2005
1. Auflage 2002

Metzer Str. 10 A
26121 Oldenburg
www.schardtverlag.de

ISBN 978-3-89841-072-4

Widmung

Für die Bevölkerung von Orosei,
für jede sardische Seele
und für meinen Sohn Léon,
der auf der Insel entstanden ist.

„El pueblo unido jamás será vencido.“

(Lateinamerikanische Weisheit)

„Das geeinte Volk wird niemals besiegt werden.“

INHALTSVERZEICHNIS

Vorwort 8

Wer über das Meer kommt, will uns bestehlen 9

Eng sei sie schon, die Weite 21

Das Lächeln der weinenden Seele 26

Schrotkugeln im Milleniumszenit 35

Am Scheiterhaufen der Kostbarkeiten 41

In der Grotte des Windes 51

Der Aufstand der Würde 57

Brot und Spiele – Urin und Stummfilmepisoden 65

Das Haus ist klein, das Herz ist groß 74

Sardisch denken, italienisch sprechen 90

Spaziergänge im Widerstand 97

Schreiende Wände des Schweigens 112

Der Neumond im Altmond 123

Epilog 125

Finalepilogisches Schlußwort 139

VORWORT

Ich liebe die sardische Insel und ihr Volk aus tiefstem Herzen heraus. Dieses Buch ist unter anderem den Einwohnern von Orosei gewidmet.

Ich werde Ihnen, dem sehr verehrten Leser, davon erzählen, was ich in und um Orosei herum gesehen und erlebt habe, und ich werde Ihnen davon erzählen, was mir erzählt wurde.

Es ist ein persönlicher Eindruck, den ich nur mündlich, ohne Textvorlage, mit tatsächlich lebenden Personen abgesprochen habe.

Sollte ich dennoch jemandem in und um Orosei herum damit zu nahetreten, bitte ich aufrichtig um Verzeihung und vor allem darum, vor einer Anzeige mit mir Kontakt aufzunehmen. Die Angabe einer Adresse erübrigt sich.

Ich werde weiterhin immer wieder kommen.

Grazie.

WER ÜBER DAS MEER KOMMT, WILL UNS BESTEHLEN

„Furat chie venit dae su mare“, behauptete das sardische Volk schon vor über 2000 Jahren. Und viele sagen es heute noch: „Wer über das Meer kommt, will uns bestehlen.“

Die Vergangenheit gibt den Sarden recht. Die Gegenwart ohnehin. Und was die Zukunft betrifft: Kein göttlicher Fußabdruck in Sicht, der dagegen wirksame Rechtsmittel einlegen könnte.

So auch ich, der auf dem Festland, „il continente“, wieder einmal Richtung Inselabdruck fuhr. Schon fast im Hafen von Livorno, drohte ich Sardinien mit meiner 37. Ankunft, d. h. davor hatte ich das sardische Volk schon 36 mal bestohlen, ohne in einem tiefgreifenden Läuterungsprozeß des Innehaltens entscheidend beeinflußt worden zu sein. Das Finden von sardischer Heimat in einem fast zwanzigjährigen Pendelverkehr zwischen Kontinent und Insel hinderte mich offensichtlich nicht daran, ununterbrochen weiterzustehlen. Von Anfang an klaute ich, was das Zeug hielt, beginnend bei ganz weltlichen Dingen wie Pflanzenablegern, Muscheln, Steinen, Sand, Treibhölzern, Pinienzapfen und bizarr verformten Ästen aus Oliven – oder Wacholderholz, was einem vorsätzlichen Verkleinern des Gesamtgewichtes der Insel gleichkommt – bis hin zu den philosophischeren Angelegenheiten wie Gastfreundschaft, Stolz, Wildheit, Würde, Edelmut, archaische Lebensweise und Widerstand. Aufenthalt für Aufenthalt klaute ich mir Bruchstücke der sardischen Seele zusammen. Ich hatte Feuersbrünste, Wassermangel, Massenarbeitslosigkeit, ja sogar vom Eremitentum im Hirtendasein und von der darin innewohnenden Zeitlosigkeit gestohlen. Lebensabschnitt für Lebensabschnitt entwendete ich Gesten, Gesichtsausdrücke, Schicksale und Rituale, ja sogar ganze Wetterküchen exportierte ich schonungslos schmuggelnd aus der Insel heraus. Ich stahl sogar uralte Traditionsriten vor dem Hintergrund von dreißig gleichzeitig ausgestrahlten Fernsehprogrammen. Stolz trug ich die sardischen Fahnen immer wieder über das Meer zurück, in der Hoffnung, ihnen in Deutschland eine

Heimat geben zu können. Je dringender und verzweifelter ich auf die Insel wieder zurückkam, desto rücksichtsloser stahl ich brandneue Herzfragmente aus alten sardischen Seelen heraus.

„Furat chie venit dae su mare."

Schon wieder damals, im Hafen von Livorno, stieg ich zum 37. Mal auf die Fähre nach Sardinien. Mein Ziel war, wie schon die 36 Male davor, die kleine Ortschaft Orosei an der Ostküste.

Orosei. Oro. Sei. Wörtlich übersetzt: Sechsmal Gold. Orosei entstand wahrscheinlich im zwölften Jahrhundert unter der Herrschaft der Sarazenen, die kurz darauf von den Pisanern niedergemetzelt wurden. Damals lag Orosei noch direkt am Meer und war als berüchtigtes Piratennest rundum gefürchtet. Heute liegt es auf fruchtbarem Flußschwemmland ca. zwei Kilometer vom Meer entfernt, ungeschützt aufgebahrt vor einer explodierenden Tourismuswelle.

Fast eine Generation lang war ich jetzt in diesem Dorf hängengeblieben. Natürlich habe ich auch viele andere, wunderschöne Stellen auf der Insel kennengelernt, aber Orosei war dabei immer mein stationäres Herzkammergut geblieben. Auf diesen ganzen Rückreisen nach Vorsardinien und Vorhutexpeditionen nach Rücksardinien blieb Orosei mein Basisdreiklang in jeglichem Unterwegsakkord. Ich habe inzwischen viele Freunde dort und kenne die Interna des Dorfes weitaus besser, als ich sie in meiner deutschen Geburtsstadt, die ich immerhin achtzehn Jahre lang überlebt habe und um die ich mich heute noch kümmere, jemals annähernd erfahren habe.

Eine Generation lang dort. Ich habe noch den langhaarigen, vollbärtigen und im Schlabberlook auftretenden Schlafsacktourismus im freakigen Strandsand kennengelernt, dort, in der letzten Lagerfeuerglut vor dem nächsten knallbunten Sonnenaufgang. Selbst ein an der Wasserkante stehendes Saxophon mußte unbedingt nackt bespielt werden. Auch wenn sich verständlicherweise zornige, sardische Familienväter dann wutentbrannt an den nächsten herunterhängenden Ast einer Pinie hängten, damit dieser sofort respektvoll abbrechen konnte und einen durchaus brauchbaren Prügel zur Verfolgung dieser unverständlichen Schweinereien abgab. Auch damals schon war keine Pineta auf der Insel in der Lage, die ganze Scheiße, das ganze Klopapier und die ganzen leergetrunkenen Weinflaschen dieser ökologisch freidenkenden Gemeinde aufzunehmen. Und noch ganz andere Sachen kamen aus den mit Perlen verzierten Rucksäcken dieser fremden und doch anziehenden Welt: Freie Liebe, vor nichts haltmachende Nacktheit, Revolutionsdogmatismus, Kommunenpraxis, Sozialismus und Protest, irgendwie anders bespielte Gitarren. Da wurde plötzlich problemlos gedealt: „Du gibst mir Bett und Essen und Wein, ich male dir popavantgardistische Weltmotive auf deine Häuserwand." Oder: „Ich kiffe dich in eine neue Generation, du erzählst mir die Geschichten aus den Bergen, wo die Zeit vor langer Zeit einfach stehengeblieben ist, weil sie sich dort beide Beine gebrochen hat."

Eine Generation lang dort. Bis eben hin zu dem, was Tourismus heute ist: Eine sich den Teufel um die Einheimischenmentalität scherende Euroscheckkartengeschichte. Problemlos, zuverlässig, sauber, ignorant, gönnerhaft, natürlich entwicklungshelfend und in Wirklichkeit herrenmenschlich arrogant. Eine goldbrillantierte Krawatte, die man für diese drei Wochen im Jahr mit einer digital gesteuerten Bewegung lässig direkt im Knotenpunkt lockert. Eine dem Golfschläger nachvibrierende Oberarmmuskulatur, die sich nach dem konzentriert erregten Schlag sofort wieder lammfromm in den mit Goldketten umrandeten Bauchnabel der saisonal mitgereisten Geliebten einschmiegt, erwartungsvoll dem Golfball nachschauend, der in diesem Moment auch über maledivisches Hochland hinwegfliegen könnte – das macht in dieser Form von Tourismus keinen Unterschied. Auch dann nicht, wenn es auf den Malediven überhaupt kein Hochland gibt.

Damals, im Hafen von Livorno, als ich zum 37. Mal auf die Fähre nach meiner in mir ersten Heimat stieg, war ich aufgebrochen, um einen personalen Kontrapunkt zu setzen. Was war in meiner Geschichte ein personaler Kontrapunkt? Für mich war das damals die Starterlaubnis für den unbegrifflichen Versuch zu begreifen, ein ganz normal sterbendes Wesen zu sein und nicht für immer, und womöglich noch länger, in der aufgemotzten Prachtvilla der ewigen Jugend zur Dauermiete zu wohnen. Dafür hatte ich mir immerhin mehr als zwei Wochen, sagen wir zumindest ein paar Monate lang, Zeit genommen.

Und ich war aufgebrochen, um für ein Buch zu recherchieren.

Für dieses Buch hier. Für den Inselabdruck. Für Fußspuren auf Sardinien. Mit einem Diktaphon, deutlich verbesserten Sprachkenntnissen, mit der Summe meiner Inselerfahrungen und mit einem in zunehmender Reife ohne Prüfung gewachsenen Selbstbewußtsein wollte ich mich einem Mythos annähern, der mich in Orosei schon immer intensiv beschäftigt hat. Ich hatte vor, per Interview Sichtweisen von Menschen, die den Mythos noch persönlich gekannt hatten, aneinanderzureihen. Diese Sichtweisen wollte ich dann zunächst einem streng analytischen Prozeß unterziehen, bevor ich ihnen ein bloßes, jedoch nicht entblößtes, dafür ein um so gereinigteres Gesamtgefühl entgegenzusetzen beabsichtigte. Auch mein eigenes Gefühl, weil ich die Gnade erfahren durfte, den Mythos noch zu seinen Lebzeiten persönlich kennenzulernen.

Natürlich, in Sachen Mythos zu recherchieren birgt die Gefahr, zu viel oder zu wenig zu fragen, zu viel oder zu wenig zu hinterfragen, zu viel zu kratzen, dafür zu wenig zu schürfen, zu hoch zu fliegen oder zu tief zu starten, oder wie ergänzend in meinem Fall, den Mythos zumindest in sich selbst, d. h. ganz persönlich für mich, aber ja nicht nach außen, zu zerstören. Noch in den Vorarbeiten auf deutschem Boden wurde mir schon klar, in diesem speziellen Fall einer mythologischen Figur aus Orosei würden mir wenig mythenspezifische Unfälle passieren. Selbstverständlich mußte ich mich da schon fast übermenschlich kritisch und manchmal auch unwillig hinterfragen, ob nicht meine eigene Willenskraft und Imaginationszielrichtung exakt zum Ziel hatten, den Mythos ja nicht anzukratzen und noch darüberhinaus ihn sogar ganz heimlich und doch nicht ganz so heimlich zu stärken, zu überhöhen, ihn in dieser Überhöhung obendrein noch heldenhaft zu dramatisieren.

Nun denn. Meine unerschütterliche Sicherheit, daß ausgerechnet mir dies nicht passieren würde, nahm ich schlichtweg aus meinen Begegnungen mit dem Mythos selbst. Ein paar Jahre waren mir vergönnt gewesen, Pietro noch selbst kennenzulernen.

Er war, wie er war. Nichts wegzulassen, nichts hinzuzudichten.

Er war, wie er war. Nichts auszublenden, nichts hinzuzufügen.

Pietro war schon zu seinen Lebzeiten zum Mythos geworden. Punkt.

Pietro, der in der Bar „Su Petrosu" (sardisch: Über dem Stein) über den Steinen und vor dem Meer lebte. Pietro, ein fast südamerikanischer Sarde.

Nach einem jahrzehntelang schleichenden Muskelschwund ging alles plötzlich furchtbar schnell. Ein Gehirnschlag aus – auch wörtlich – heiterem Himmel. Dann noch zwei Tage Koma. Mit einer modernen medizinischen Versorgung, die es auf der Insel nicht gab, hätte man sein Leben retten können. Vielleicht. Man hätte dieses Leben auf das Festland, auf den Continente, geben müssen. Dieses Leben zwischen Widerstand, Untergrund, Barbetrieb und Solidarität mit jeglicher, zumindest fast jeglicher Form von Menschen, welche die gesellschaftliche Norm fast bewußt ins Abseits zwangen. Mit einem stillen Lächeln erwirkte Pietro eine unmöglich erscheinende Fusion, ein Einverständnis zwischen traditionellen, hartgesottenen Schafhirten und einer Generation meinesgleichen, die fremdländisch nackt am Strand vor sich hinwucherte. Unter dem Dach seiner Bar traf sich etwas im Kern, was sich eigentlich schon an der Schale hätte abstoßen müssen. Pietro war anwesend, Pietro strahlte aus, die angespannten Gesichtszüge der Gäste lockerten sich auf, das Lachen setzte ein.

Ein Gehirnschlag aus – auch wörtlich – heiterem Himmel, dann noch zwei Tage Koma. Um die modernere medizinische Versorgung vom Festland bezahlen zu können, hätte man seine Bar verkaufen müssen. So am Leben erhalten, hätte Pietro vielleicht sein Lebenswerk verloren. So plötzlich gestorben, war sein Lebenswerk geblieben.

Ein paar Tage nach seinem Tod war ich wieder einmal, vielleicht zum 15. Mal, nach Sardinien gereist und ahnungslos von Olbia direkt nach Orosei gefahren. Da saß ich dann, unter dem schattenfächernden Schilfrohrdach der Bar. Nirgendwo war ein Schwarzton, ein Atemzug, ein deckendes Weiß. Jeder trauerte stumm, die Trauer war totenstill. Eine Graugesellschaft im Todesgewißheitsabgrund, schockierte Masken mit dicht dahinterliegender Schmerzverzerrung, ein ohnmächtiges Unfaßbarkeitszentrum in der heißen Atemlosigkeit des Sciroccos, der wieder einmal die Sahara aufprustend verlassen hatte.

Im Fernseher lief apathisch flimmernd das Eröffnungsspiel der soundsovielten Fußballweltmeisterschaft. Niemand schaute, Kamerun hielt sich bestens. Ausgefranste Pinienlinien verströmten dumpf stöhnend einen fassungslosen Schwankschwindel ohne Abseitsregelung. Schattenfußball, Scherenschnitte der Apathie und gelähmte Sonnenschutzvisiere über der Asche einer Leiche, die man vor drei Tagen verbrannt hatte. Inversionswetterlagen über den Todesanzeigen an den glühenden Mauern im Dorf. Angeschlagen an der Wand, würgende Erschütterung und vornübergebeugte Reglosigkeit – Pietro, ein Mythos schon zu Lebzeiten, und noch im Leben gestorben.

Wir sahen uns an, in der Bar „Su Petrosu", ein paar Tage nach Pietros Tod, und es schien, als ob jeder seine Augenringe tiefer gelegt hätte. Niemand atmete, die Münder wie einbalsamierte Schockbandagen. Der Nachmittagshimmel war im Scheitelpunkt schon hoffnungslos verrutscht, dieser Nachmittagshimmel, dem Pietro in seinen letzten Jahren nur noch selten begegnen konnte. Mit Muskelschwund als Fessel war er hinter dem Tresen unsichtbar festgekettet. Vor dem Tresen machte immer alles Giacomo, sein Bruder. Giacomo, der die Bar heute noch betreibt und dort auch noch lebt, stellte damals sein eigenes Leben zurück, um nur noch für seinen Bruder dasein zu können. Er verteidigte die Zentimeter „Su Petrosu“, die Pietro nicht mehr verteidigen konnte. Mit schwungvollen Augenbrauen über den direkt aus der Seele herausblitzenden Augen – und auch mit seinem Leib. Einmal kam ich aus dem Dorf zurück und schob wie immer den bunten Perlenvorhang beiseite, der in das Innere der Bar führte. In diesem Moment flog mathematisch exakt waagerecht ein Mann, der Pietro beleidigt hatte, mit enormer Beschleunigung durch den nun perlenfreien Raum nach draußen. Als ich äußerst vorsichtig, da sichtlich erschrocken, ins Innere der Bar linste, wurde Giacomo gerade von vier Männern festgehalten. Kamen Fremde aus anderen Dörfern oder Provinzen in die Bar, hatte Giacomo schon einen anderen Gesichtsausdruck. Ging irgendetwas gegen Pietro oder die Bar, wurde er selbst zu einer Waffe. Zückte jemand ein Messer, dann flog Giacomos Körper schon durch den Raum. Ich habe Giacomo nie danach gefragt, aber ich weiß, daß er für Pietro auch gestorben wäre.

Dann wollte man Pietro weg haben, von diesem auch landschaftlich paradiesisch schönen Flecken Erde. Weil dort halbnackte, ausgefranste, Gras rauchende Fremde mit Bier trinkenden, Zigaretten rauchenden einheimischen Schafhirten, Bauern und Arbeitern aus den Marmorsteinbrüchen zusammensaßen. Und die lachten auch noch zusammen. Und die waren sich auf Anhieb sympathisch, obwohl sie zwei vollkommen verschiedene Sprachen sprachen. Und dann hatten die noch nicht einmal Verständigungsprobleme. Das war verdächtig und somit sofort zu bekämpfen. Es galt, mit viel, nicht nur diplomatischem DDT möglichst unspektakulär und möglichst unauffällig die ganze Sumpfkrankheit effektiv an der Wurzel auszurotten.

Jahr für Jahr setzte man Pietro härter zu, setzte Sondersitzung um Sondersitzung für die ganzen Gemeinderäte an und beriet, wie man der jedes Jahr neu zu vergebenden Lizenz für die Bar vordergründig legal habhaft werden könnte. Hintergründig war das, was zählte – und da wollte man Pietro aus seiner eigenen Heimat direkt hinausdeportieren. Der Brückenschlag seiner Bar wurde indes immer stärker. Es kamen immer mehr Fremde und immer hartnäckigere Freunde. Lange schirmte Pietro geschickt die pseudopolitischen Überfallkommandos ab. In seiner unnachahmlich lächelnden Geduld wuchs er noch mehr, am passiven Widerstand, am Dagegenhalten, an dem kreativen Element im Finden von nicht zu knackenden Überlebensstrategien. Mit ihm wuchs die Solidarität für ihn. Die Bandagen wurden härter. Giacomo lächelte kaum mehr und sah sich jeden Gast noch genauer an.

Eines Tages hatte auch Pietro genug. Von den Lügen, der Farce, von der Heuchelei und den verdeckten Spielkarten. Er band sich eine Handgranate um den Brustkorb, hinkte mit nacktem Oberkörper mühsam, aber so aufrecht, wie es ihm nur irgendwie möglich war, zum Gemeinderat. Er konnte den entsetzlich sabbernden Mündern sehr unbürokratisch und unmißverständlich auf einen Schlag begreiflich machen, daß er ohne seine Heimat über den Steinen sowieso tot sein würde. Entweder sofort die Lizenz für die Bar oder ein großes Loch mit Schutt aus Leichen im Rathaus. Er erzwang eine sofort ausgeführte Rede im Rundfunk. Dort sprach er über seine Heimat, über den Frieden zwischen Kulturen und Generationen, über speicheldurchtränkte Bürokratie und über finanzielle Schmiermittellösungen. Er insistierte auf Sozialismus, Vaterland, Gerechtigkeit oder Tod. Und er sprach über Hände. Hände, die nur dann fruchtbar und schaffend sein können, wenn sie aus den mit Liebe im Land stehenden Beinen heraus einander gereicht werden. Er forderte das Individuum auf, jegliche Möglichkeit auch in der Unmöglichkeit zu versuchen.

Während er in das Mikrophon sprach, lächelten seine Lippen die gesamte Bandbreite zwischen den Kopfhörermuscheln aus. Die Menschen in Orosei und in den Dörfern der Umgebung hörten seine Stimme, legten die Arbeit nieder – und lächelten zurück. Noch eine Spur aufrechter verließ Pietro den Gemeinderat. Triumphierend stieß er die Lizenz in seiner Faust dem stahlblauen Himmel entgegen. Menschen jubelten ihm zu, jeder wollte ihn genugtuerisch grölend in seine Bar zurückfahren, aber Pietro wollte Schritt für Schritt allein dorthin zurückhinken. Er mochte diese Menschenaufläufe nicht. Er wollte nachdenken und ganz für sich allein das Geschehene noch einmal nachzittern. Er wollte seinen Jubel dem würzigen Duft der gleißenden Macchia schenken. Sardischer Boden. Dort war er geboren worden, als Mensch, von ihm aus gesehen auch als Tier, als Pflanze, die ihre Wurzeln fest und unnachgiebig durch die sardische Erde gebohrt hatte, als Pietro, ein fast südamerikanischer Sarde, der in der Verachtung des Materialismus auf den ideellen Reichtum gestoßen war.

Ein paar Tage nach seinem Tod war ich wieder einmal, vielleicht zum 15. Mal, nach Sardinien gereist und ahnungslos von Olbia direkt nach Orosei gefahren. Da saß ich dann, unter dem schattenfächernden Schilfrohrdach vor der Bar „Su Petrosu", die durch einen natürlich aufgeworfenen Damm vom Meer getrennt ist. Entgleist starrte ich auf die Pinienlinie auf der Dammkrone. Gerade erst tot ging Pietro mit tiefen Fußspuren durch mein Leben. Er war mir Vorbild, er war mir der leuchtende Spiegel der Bescheidenheit, er war mir Lehrer, er war mir Freund. Oben, auf dem dürren Schilfrohrdach der Bar, wehte, anstelle eines halbmastigen Trauerflors, die schwarzrote Fahne von Che Guevara kampflustig im staubtrockenen Wind aus Afrika. Mir versengte es sogar den Speichel. In seinen verschleierten Schmerzaugen war Giacomo unerreichbar weit weg. Gern hätte ich stumm meine Hand auf seine Schulter gelegt. Aber auch ohne Berührung flatterten wir an einem Band, irgendwo dort draußen, wo Reinkarnation sehr ungewiß ist. Den schweren Wein trank ich wie Wasser, das Heilige Abendmahl hatte ja schon vor zweitausend Jahren stattgefunden. Pietro sah nicht nur so aus, sondern war tatsächlich einmal nach Südamerika gereist. Seine wortkargen Gesichtszüge erzählten davon in landestypischen Wasserfällen, bis zum Schluß.

Jetzt sollte er tot sein, wild durcheinanderliegend in einer Urne, mit angehäufter Erde abgeschirmt von der bemützten Erwartungshaltung seiner Grabwächter, sardische Erde. Angst hatte ich keine.

Ich hatte Lähmungserscheinungen, ich zitterte, ich schwamm in roten Augen, ich hatte Dünnschiß. Und Visionen hatte ich. Visionen aus einer wie ewigkeitsdämmernden Vorahnung heraus, daß mit Pietros Tod nicht Pfeil, nicht Bogen gestorben war. Ein sehr scharf geschliffener Pfeil, ein sehr biegsamer Bogen. Pietro war das gelungen, diesen Gegensatz unter einer einzigen Haut zu vereinen. Der Bogen war immer bis zum Bersten gespannt, somit konnte der Pfeil auch immer weit über das Ziel hinausfliegen. Mich schauderte fiebrig im Starkwindfön aus Afrika, fröstelnd blieb ich in meiner Gänsehaut stecken.

Mit meinem 37. Aufbruch nach Sardinien wollte ich mich also gefaßt dem Mythos von Pietro annähern. Ich hatte vor, einer streng analytischen Recherche in seiner Familie, bei seinen Freunden und natürlich auch im Gemeinderat ein Gefühl – mein Gefühl – entgegenzusetzen.

Um es gleich vorwegzunehmen: Es gelang mir nicht.

Ich hatte noch vor dem nun gleich zum 37. Mal stattfindenden Livorno plötzlich begriffen, daß Pietro einfach Sarde gewesen und vor allem Sarde geblieben war. Bis zum letzten Atemzug. Und erst recht darüber hinaus. Würde ich somit nicht noch viel mehr über Pietro erfahren, ihn noch viel besser erfühlen und verstehen können, wenn ich meine Augen und meine Ohren hochkonzentriert offenhielte, offenhielte dafür, was das eigentlich ist, ein Sarde, anstatt den Tentakeln eines zweifelsfrei anonymeren Mythos hinterherzujagen?

Um die letzten, vorgreifenden Sätze gleich wieder zurückzunehmen – im Moment verlassen meine Beine zum 37. Mal den italienischen Festlandboden. Über hundert Schritte laufe ich treppauf durch die Luft, hänge schwindelfrei im Niemandsland. Auf jetzt gleicher Höhe mit den Altstadtdächern von Livorno zittern Fernsehantennenwälder in elektromagnetisch angetriebener Luft. Wäre ich ein Einwohner von Livorno – ich kaufte mir eine Lupe, um in diesem tausendarmigen Drahtgestell nachts den Mond besser finden zu können. Bevor ich in den Schiffsrumpf tauche, atme ich tief die Hafenluft ein. Keine nach Seeluft riechende Seeluft, dafür verschwefelte Salzkristallanteile in einem hochtoxischen Gemisch aus Petrochemie, Diesel, Urin, abgestandenem Frittierfett, Ruß und penetrant schlechten Parfumsorten. Ich atme ein und blicke nicht mehr zurück, bin voller hoffnungsgeballter Energie, möglichst lange nicht mehr umzukehren. In mir keine fragenden Gedanken, ob Insel und Mythos zusammen vielleicht eine ganz zufällig überwältigende Urwucht ergeben, die eine seelensardische Recherche unmöglich machen könnte. In mir keine fragenden Gedanken, ob mir die rauhe Nacktheit der Insel unmißverständlich und sonnenklar aufdrängen könnte, sich erst einmal grundlegend selbst zu recherchieren, bevor man ein Volk zu einem Mythos oder zu seiner Seele befragt. In mir keine fragenden Gedanken, ob man in diesem Sonderfall, wenn man eben selbst noch am Leben ist, dann doch eher dem Ich die Präferenz gibt. Auch wenn man fast im selben Atemzug die etwas glorreiche Idee hat: Mythossozialismus statt Egokapitalismus.

Ich bin der letzte an Bord gehende Passagier, hinter mir schließt sich der Schiffsrumpf. Aufbrechend, kurz bevor ich abbrach, entkommend, kurz bevor ich verkam, verbleibend, daß möglicherweise kein Weg lang genug ist, um zu bleiben. Jetzt also wieder unterwegs. Ein Aufbruch zum Dorthin zurück, wo mein Heimatschmelztiegel noch vom letzten Mal vor sich hin köchelt. Mein Überseegesicht und ich stehen im leicht schwankenden Schiffsrumpf und lehnen gemeinsam die Schlafsesselzuweisung des Chefstewards ab. Er schüttelt den Kopf, es ist Dezember. Draußen auf Deck rolle ich auf dem rußverschmutzten Boden meine Matte und meinen Schlafsack aus. Das Schiff knarrt sich verdächtig altersschwach aus dem schützenden Hafen in die offene Strömung hinaus. Auf der stark aufgerauhten Wellenoberfläche steckt eine Möwenschutzpatrouille die Längen- und Breitenmaße der Fähre ab. Mit einer gefriergekühlten Dose Bier in der klammen Hand sitze ich auf dem Boden und lasse müde den Kopf hängen. Kaum, daß ich den Blick hebe, begegne ich der winterlich gekleideten, menschlichen Unterschenkelhöhe. Außer, daß ich einen nicht mehr zu verwischenden Schwarzblick für Schuhhochglanz in die Augen bekomme – in diesen grundverschiedenen Gangarten sind die Gesichter der Unterschenkelbesitzer erkennbar, auch jene, die noch vor den Augen beginnen und somit wie abwaschbar sind. Aus der Klopffestigkeit der Schritte läßt sich nachvollziehen, welches darüberwohnende Gehirn kopfschüttelnd innehält, knarrend verachtet, wie man zu solch einer Jahreszeit draußen nächtigen kann, wie man, hier schwappt das Gehirn verärgert knackend von halbrechts nach rechts, todsicher kein Handybesitzer ist und wie man immer noch die Kleidung einer Generation tragen kann, die sich schon vor drei Jahrzehnten selber abgesetzt hat.

In einer breiten Fahrstraße schleppt das Schiff die schmalere Gischtgasse hinter sich her. Es ist dunkel, die Sterne sind von der hohen Luftfeuchtigkeitssuppe aufgesaugt worden. Der vage Hintergrund pumpt die weit aufgerissenen Augen auf, ich betrachte meine Frau, die zärtlich mit mir reist, ich betrachte ihre Schönheit, vor und hinter ihren geschlossenen Augen. Lachende Delphine springen darin herum. Über den Gischtfetzen nehmen die letzten Möwen ihr Nachtbad. Nach einem weiteren Bier weiß ich auch, daß ich richtig gesehen habe – sie haben keine Handschuhe und keine Neoprensocken an.

Mit meinen doch sehr ausgeprägten Nasenlöcherstutzen sauge ich die nun reine Seeluft an, Sardinien, der Kontinent, nur noch hunderttausend stampfende Dieselkolbenhübe von mir entfernt. Mein Herz rast, ich bin schon wie dort, was dort auf mich wartet, ich weiß:

Pikant gewürzte Wärme pudert das Herz ein.
Vogelfreier Starkwind faltet die Meeresbrandung.
Richtungsloser Himmel cremt die dunkelgerötete Seele ein.
Farbrauschende Blütenteppiche liften die Schwarzweißaugen.
Wippende Palmenfächer renken die verlorene Zeitlosigkeit ein.

Urwüchsige Schafherden läuten zum Abendfrieden.

Uralte Steinmauern schichten die Besatzungsgeschichte der Insel in die darüber baumelnden Beine.

Schattenderwische zirkulieren mit dem Wolkenkarussell um die Sonnenkreisel.

Täglich tauft die Mittagsglut den Beckenboden des Universums. Sardinien. Noch neunundneunzigtausend stampfende Dieselkolbenhübe entfernt. Dieses Mal will ich dich nicht bestehlen. Wenn ich deine Arme erreiche, hast du bestimmt schon sorgfältig den Salzwasserstrick für mein Luftgenick vorgeknüpft.

So zu sterben ist natürlich auch vollkommen. Aber man muß damit leben können, man muß auch mit Pinienkernen ein Apfelbäumchen pflanzen können. Als ich mit den schiffsbrandenden Wellenschlägen einschlafe, zähle ich keine Schäfchen, sondern betätige mich numerisch an der abnehmenden Gesamtmenge der verbleibenden Dieselkolbenhübe.

ENG SEI SIE SCHON, DIE WEITE

Als ich erwache, hat der Tag schon angefangen. Das Schiff dreht sich stampfend aus der offenen See heraus, hinein in die langgezogene Bucht von Olbia. Die Stahlträger vibrieren hart, über Nacht hat der Seegang stark zugenommen. Sonnenstrahlen tauchen frisch geschlüpft aus den schäumenden Wellenkronen empor. Die letzten Dämmerungsschleier liegen noch kalt auf Deck und perlen überreif in die Schattenritzen der Rettungsboote ab. Jede einzelne Felsenfalte auf Lee und Luv erkenne ich sofort wieder. Wir schlingern bewegt auf den dem Hafen vorgelagerten Leuchtturm zu. Im Kriechen schon taumelnd schäle ich mich mühsamer als gedacht aus meinem Schlafsack.

Ach ja, da hatte ich gestern Nacht noch diese Sarden an der Bar getroffen. Die Bar hatte schon geschlossen, wurde aber mit Gratisgrappa inoffiziell weitergetränkt. Die Sarden haben eine sehr feinfühlige Ader, einen außerordentlich guten Wein zu machen. Man denke nur an den Cannonau aus dem Sopramonte. Aber die Kunst des Grappas beherrschen sie nicht gerade nuanciert. Du feuerwässerst dir einen, und deine Gedärme sind sofort nirwanareif.

Vor allem im Stehen habe ich das untrügliche Gefühl, daß mich dieses Nirwana heute nicht so schnell wieder entkommen lassen wird. Die über der schäumenden Wasserfläche aufsteigende Wärme ist schon deutlich spürbar, ich gehe sogleich, d. h. ohne noch vorher zu rauchen, zum Zähneputzen. Mit diesen dick verquollenen, salzverkrusteten Augen sehe ich niemanden unterwegs. Meine erste Begegnung mit einem richtigen Menschen findet in der Herrentoilette statt und das auch nur, weil ich nicht aus Versehen die Damentoilette okkupiert habe. Leider. Meine erste Begegnung mit einem richtigen Menschen ist also tatsächlich beim männlichen Geschlecht anzusiedeln und findet zunächst einmal penetrant röhrend statt. Gerade frisch ergrünt, ursprünglich wollte er sich wohl frisch rasieren, kotzt der Mann das Waschbecken neben mir voll.

Good morning, Vietnam, buon giorno, Sardegna. Gallengelb füllt sich das Waschbecken, das gleich verstopft sein wird. Unbeirrt dessen verteile ich weiterhin gleichmäßig die Zahnpasta in meiner Mundhöhle, an diesem Morgen in dieser Toilette sogar übergründlich, ja geradezu bis an die Würgegrenze heran. Gleichzeitig spüre ich aber auch sehr deutlich, daß dies nicht reichen wird, daß ich jetzt dringend viel mehr von innen heraus waschen, putzen und glattbügeln muß. Hochhackig plattfüßig und geziert trampelbeinig stolpere ich verständnislos würgend nach oben und bestelle an dem mir bekannten, nächtlichen Tatort des Grappaverbrechens – einen Grappa. Ja, jetzt rauche ich auch, lasse mich mit einem blitzschnell gekippten Schluck durchbrennen und schütte einen Espresso darauf. Meiner Frau serviere ich vor dem Hintergrund meines jetzt schon wieder nur noch blaßgrünen Gesichtes ein Brioche und einen Cappuccino. Wir lächeln uns an.

Dort draußen, direkt vor uns, ist die Insel. Sardinien. Jetzt. Von der Reling könnte ich springen, um schneller ihren Boden zu berühren.

Obwohl im Hafen von Olbia, verglichen mit der staubheißen, hektischen Betriebsamkeit des Sommers, eine geradezu akribisch einsame Stille herrscht, passiert das Auto ungehindert den Zoll. Ausgerechnet. Hatten sich doch die grauuniformierten Beamten unter den hunderten aus dem Hafen drängenden Fahrzeugen zumeist das Meinige ausgesucht, um es nach bestem Pflichtgefühl und Gewissen zu untersuchen. Wir waren zum Teil schon richtig Bekannte geworden, die sich auch nach dem persönlichen Wohlergehen ganz ungezwungen und gegenseitig erkundigten. Außer meinem Schlafsack und ein paar Klamotten, vielleicht noch die Gitarre und den importierten Lesestoff, konnten meine Bekannten jedoch nichts besichtigen. Jetzt, wo das Auto bis über das Dach und unter die Sitze berstend vollgeladen ist – ich komme ja hoffentlich für länger – haben sie nicht einmal die Rauschgifthunde geweckt. Das ist sehr erfreulich, aber ein wenig beleidigt bin ich schon. Auch, weil unter den Sitzen und über dem Dach tatsächlich kein Rauschgift ist. Nur die eingekisteten Mülltüten aus altem Seelenabfall.

Habgewohnheiten, die ich aus einer Vergangenheit, unter dem vorübergehenden Wegfall einer Gegenwart, direkt in eine Zukunft exportiere, weil ich es immer noch nicht gelernt habe, die Notwendigkeit des Begriffes „Trennung“ in mich hinein zu importieren.

Der Hafen von Olbia ist für mich wie eine Wetterscheide in mein neues Herz. Da brennen plötzlich Gluthäppchen, die schon immer loderten. Auf einmal stürzt genau das Wasser den Fluß hinunter, welches ausschließlich nur im Meer enden kann. Noch auf dem Schiff rieche ich den Duft der Insel, und mein Puls rast wie ein Hundertmetersprinter auf die herbwürzige Pinienglut zu.

Auch wenn ich mich drüben, auf der anderen Seite des großen Flusses, drüben in meinem Geburtsland, wieder einmal viel zu tief in den hochschwangeren Bauch der deutschen Erde hineingefressen habe, auch wenn ich jetzt in einem etwaigen Klischee-Endbahnhof gelandet sein sollte – ich bin angekommen. Auf vier Rädern und gerade einmal zwei Beinen. Da geht einem ganz schön die ohnehin durchfallende Rosettendüse. Da kneife ich die Arschbacken ganz fest zusammen, begradige mein Rückengerüst und lasse den sich lösenden Asphalt unter den Rädern wegspritzen.

Es scheint, als ob gleich hinter der Zollstation des Hafens mein innerer Auspuff abbrechen will, dieses gefühlsüberfüllte Abgasrohr, das drüben, auf der anderen Seite des Flusses, immer gerade so noch einmal gehalten hat. Aber dafür bin ich ja gekommen, ohne daß ich es mir jetzt schon eingestehen will. Noch sage ich mir: Dio mio, mein Gott, jetzt bist du ein echter Mythos-Recherchierer, also kein Abbrecher, kein Zusammenstürzler, kein Ausuferer, kein Wegelagerer, kein hundertprozentiger Parasitentummler."

Warum ich mir für das insgeheime Ausufern ausgerechnet wieder diese Insel ausgesucht habe – nun, auch ich selbst muß das jetzt nicht im Tao nachlesen : Schon wenn ich das Wort „Sardinien" nur ansatzweise irgendwo höre oder lese oder gar selbst in den Mund nehme, fängt direkt unter meinem Herzschlag der Puls wie ein Preßlufthammer zu zittern an. Genau in diesem bohrenden Heimattakt sind sie dann plötzlich da, die Tage vollkommener Klarheit im universell Ungewissen. Sardinien ist Heimat, Sardinien ist aber auch ein Kunstbegriff, das Universelle, die hemmungslose Weite, ausgerechnet in der Enge zu finden. Und eng ist sie schon, die Insel. Dünn besiedelt, aber dort wo sie besiedelt ist, genau dort drängt sich alles unaufhaltsam zusammen. An einem Bergrücken, in einem Talkessel, vor der Schattenlinie des Meeres. Eine enge Insel, überall umgeben von unendlicher Weite. Hat sie das so eng gemacht? Die unendliche Weite, die so vielen Besatzern die Möglichkeit bot, aus allen Himmelsrichtungen willkürlich einzufallen? Karthager, Griechen, Römer, Vandalen, Langobarden, Sarazenen, Spanier, Pisaner, Genuesen, ja sogar die Österreicher bis hin zu den neuzeitlichen Italienern. Die Sarden, als explizites Nichtseefahrervolk, wichen zurück, von den zugänglichen Inselrändern ins unzugängliche

Landesinnere. Ein langer Weg, denn die Insel hat schon immer richtig dicke Ränder gehabt. Auch heute noch. Fremde bleiben darin stecken, Einheimische fallen leichtfüßig darüber hinweg. Kein Kontinent, der einen hinter diesen Rändern auffängt, nur eine scheinbar vollkommene Leere ohne eine Essenz von Substanz. Luftige Schlupflöcher, durchlässige Höhlenbauten, poröse Felsenverstecke, abfließende Fluchtkammern unter dem Meeresspiegel, feinstoffliche Quadratzentimeter mit Panoramablick auf Quadratzentimeter ohne Gitter.

Die hemmungslose Weite ausgerechnet in der Enge zu finden. Und eng sind sie schon, die Sarden. Sehr gastfreundlich, aber auch sehr mißtrauisch. Sehr neugierig auf Neues, dann aber doch lieber ihre uralten, im übrigen wunderschönen Traditionen pflegend, bevor sie sich auf eine neue Moral, auf eine neue Ethik und auf neue Werte einlassen würden. Sehr zu meinem Wohlwollen und Verständnis. Es gibt keinen logischen Grund dafür, sich auf ein neues Wertesystem einzulassen, das keine Eckpfeiler und keine Fundamente hat. Es sei denn, man wird dazu gezwungen oder ist so medienverlullt, daß man es eben nicht mehr blickt. Eng sind sie, die ganzen Traditionen, ungeschriebenen Gesetze, Konventionen, Bräuche und althergebrachten Erwartungshaltungen. Sagt man. Aber liegt denn die wirkliche Enge nicht vielmehr in den eigenen Innereien? Wird diese individuell ureigene Enge mit einer vergrößerten Leber natürlicherweise nicht noch viel enger?

Manchmal, im speziellen während meiner Aufenthalte auf Sardinien, platzt mir der Tod aus meiner eigenen, ebenfalls engen Seele heraus. Ein hervorquellendes, eingeweidetes Gedärm, das mit so viel plötzlicher Freiheit unendlich nachquellen will. Und plötzlich ist auch Sardinien unendlich nachquellend, in seiner Enge unendlich weit, ist auch Sardinien begrenzungslos ausgeufert, kein Festland mehr, nur noch unendliches Meer. Plötzlich fängt das Festland dort an, wo normalerweise das Meer ist. Fast göttlich ist das, und auch meine eigene Geschichte mit der Insel hat unmittelbar mit Gott zu tun:

Da muß es ganz früher einmal diesen messerstechenden, himmlischen Vater gegeben haben, der im Laufe seiner Karriere auch blind auf das Mittelmeer einstach. Dort, wo heute Sardinien liegt, hatte er damals aus Versehen sein Messer stecken lassen, weil er plötzlich auf die fatale Idee kam, nach einer sechseinhalb Tagewoche die Sieben mit einem Ruhetag zu versehen. Über den sofort eingehaltenen Ruhetag hinweg vergaß er das steckengelassene Messer. Ein paar tausend Jahre später komme dann schon ich, und ich habe nichts besseres zu tun, als voll in diese 270 Kilometer lange und 140 Kilometer breite Klinge zu laufen. Die ist jetzt in mir drin, und ich rotiere zeitlos gleichmäßig um diese sardische Achse wie ein aufgespießtes Hühnchen auf dem Auferstehungsgrill.

Von Olbia aus fahre ich auf der S. S. N. 125 entlang der Küste Richtung Süden nach Orosei. Die morgendliche Wintersonne steht tief in den noch alpin versalzten Scheiben des Autos. Sardische Erde ist ein magnetischer Südpol. Glücklich verblendet singe ich mir mein gesamtes Lieblingsrepertoire von Franco Battiato und Francesco de Gregori vor. Durch die heruntergekurbelten Scheiben atme ich den schweren Duft der Macchia ein und inhaliere den Geruch des nahen Meeres. Beide atmen mich nicht zurück nach Norden. Viel besser, daß ich jetzt erst einmal hier bleibe. Drüben, auf der anderen Seite des Flusses, müßte ich jetzt im Mirto-Massaker wohnen, d. h. im allnächtlichen Gefechtsstand des sardischen Spezialitätenliköres, der aus Myrthe gewonnen wird, - und würde komplett lebenspervertiert in meinem Seelensplittermosaik herumpuzzlen. Bevor ich jetzt also dieses Inselland, diesen Eilandkontinent weiter einatme, atme ich mich davor unbedingt aus.

DAS LÄCHELN DER WEINENDEN SEELE

Im ältesten Stadtviertel von Orosei, „in mezzo al centro storico", mitten in der Altstadt, habe ich ein Haus gemietet. Im zwölften

Jahrhundert gab es wahrscheinlich nur dieses damals noch direkt am Meer liegende Stadtviertel, welches durch zwei sich kreuzende Flüsse in sich wiederum viergeteilt gewesen war. In unmittelbarer Nähe des von mir gemieteten Hauses befinden sich das alte Gefängnis, das Bethaus der Brüderschaften und der zentrale Piazza del Popolo, der von der erhöht liegenden Kirche San Giacomo fast liebevoll behütet wird. Das Haus, in und vor dem ich jetzt die nächsten Monate leben werde, wurde vor zehn Jahren niedergerissen, nachdem es fast fünfhundert Jahre lang so stand, wie es eben stand. Unter Verwendung der gesamten, originalen Bausubstanz wurde es neu aufgebaut. Alte dicke Hausmauern mit möglichst wenig Mörtel und Zement und vom Mittelalter erzählende Steinmauern, die den üppig wuchernden Garten einfassen. Zimmerdecken aus Schilfrohr und Deckenbalken aus Wacholderholz, eines der härtesten und in dieser Größe sehr seltenen, damit heute fast unbezahlbaren Hölzer. Auch der offene Kamin im Wohnraum wird nach oben hin von einem wuchtigen Balken aus Wacholderholz abgeschlossen. Dachziegel, die nachts im Wind stöhnen, so als ob sie die sardische Geschichte von Armut, Malaria, Ausbeutung, Unterdrückung und von der Ungeheuerlichkeit, daß die Dorfbewohner, die Eingeborenen, auf ihrem eigenen Grund und Boden als tierähnliche Rasse betrachtet wurden, knarrend nacherzählen würden. Das Haus ruht trotz des groben Eingriffes vor zehn Jahren in Frieden, das spüre ich sofort. Mit viel Behutsamkeit, Feingefühl und Respekt sind die innewohnenden Seelen nicht vertrieben worden. Wenn ich nachts zwischen tropfenden Kerzenlichtern am Kaminfeuer sitze, dann ist ihr gleichmäßiger Atem in meinem Genick weder aufdringlich noch furchteinflößend. Das Feuer knistert still, der Wind brüllt in den Blättern der Olivenbäume im Garten, die im Schwarzwolkensee der Nacht Gold waschen.

Wenn ich aus dem Garten trete, stehe ich in einem westernmäßigen Innenhof, der von ebenfalls aus dem fünfzehnten Jahrhundert stammenden Häuserfassaden rechteckig umsäumt ist. Manchmal höre ich dort die Mundharmonika von Charles Bronson, so als ob sie mir das Lied vom Tod spielen würde. Aus dem umsäumten Innenhof heraus führt ein gemauerter Torbogen direkt in das Zentrum der Altstadt hinein. Durch diesen Bogen in den Innenhof hineinzufahren, erfordert auch mit einem italienisch schmalgehaltenen Kleinwagen ein weit fortgeschrittenes Geschick an Fahrkunst, Augenmaß und Mut zum Risiko.

Im östlichen Anschluß an den Garten wohnt eine alte, stets in Schwarz gekleidete Witwe hinter der hohen Steinmauer. Aus ihrer gebeugten Hüfte heraus kann sie nur mühsam gehen. Ihr Gesicht ist vom harten, entbehrungsreichen Leben höchstpersönlich gefaltet worden, dort jedoch nicht die Spur gebeugt durch zwei sehr warme, stolze und optimistische Augen, die viel jünger als ihr Alter sind. Menschenfreundlich, Nähe suchend, allein.

In meinen Ankunftstagen wird der alten Witwe das Brennholz für den Winter gebracht und auf der Südseite des Innenhofes aufgeschichtet. Während sie die ersten Scheite in ihr Haus schleppt, wärmen sich die zwei Holzlieferanten ihre Leber mit einem kräftigen Schluck Aquavite. Aquavite ist sardisches Feuerwasser, welches meine nicht sardische Leber nicht wärmen kann, weil sie bei dieser Berührung immer gleich verbrennt. Für die alte Witwe ist es mühsam, jeden Tag Feuer im Kamin zu machen. Sie läßt sich dabei nicht helfen. Natürlich auch nicht von mir. Tag für Tag um dieselbe Zeit schleppt sie eigenhändig und voller Vorfreude ihre Lebensbegleiter in das Haus. „Il fuoco fa compagnia“ – das Feuer leistet Gesellschaft. Das Knistern der Flammen und der niemals monoton werdende Gesang der Glut lassen niemanden allein. Die Sarden, die allein leben müssen, haben schon im Winter Angst vor den Tagen, an denen es draußen wieder so warm sein wird, daß jedes Holz im Kamin unangezündet bleiben muß. Dann sind sie wieder ganz allein.

Für die alte Witwe sind wir eine willkommene Compagnia. Wir besuchen uns nicht, begegnen uns aber fast täglich. Wir erzählen uns keine Geschichten, wechseln aber immer ein paar Worte. Die

Compagnia besteht hauptsächlich in dem Wissen darum, daß auf der anderen Seite der hohen Steinmauer auch Leben ist.

Vor dem schmiedeeisernen Eingangstor, das in meine neue Innenheimat führt, steht nach links in die Ecke versetzt, im Schatten eines uralten Mispelbaumes ein alter Waschstein. Dort trifft sich fast jeden Vormittag die alte Witwe mit zwei weiteren alten Witwen. Drei Frauen in Schwarz, die sich deutlich vor dem Hintergrund der sardischen Farbenwucht abheben. Sie waschen die Wäsche wie nebenher. In der Hauptsache reden sie in einer rasenden Geschwindigkeit. In der sardischen Sprache, die guttural, dunkel, u-betont und melodiös ist sowie über sehr viel weiche Doppelkonsonanten wie bb, dd oder nn verfügt, klingt das wie das Giggeln von einem anderen Planeten, wie das über Stock und Stein springende Rauschen eines singenden Wildbaches. Uralt, aber unverstaubt lebendig. Geschichtsvoll und doch wie ewig. Wenn ich draußen im Garten sitze und mit den Augen den leuchtenden Winterwolken hinterherhechle, genieße ich diese brabbelnde Compagnia auf Herztemperatur. Wenn die drei alten Frauen ohne Kriegsbeil auf dem Streitpfad sind, dann klingen ihre sardischen Wortgefechte wie rezitierte Wüstenrohlinge aus der Feder von Lawrence von Arabien. Ich verstehe wenig Worte und doch fast jede Stimmung. Und meistens könnte ich nicht sagen, ob überhaupt Wäsche gewaschen wurde.

Ich sitze vor einem Fluß. Am anderen Ufer des Flusses hat das Meer einen Damm aufgeworfen, der mich jetzt von dem direkten Angesicht der Wellen trennt. Am Flußufer liegt „Su Petrosu", die Bar, die Pietro bis zu seinem Ableben gelebt hat. Sein Bruder Giacomo lebt heute noch dort. Giacomo hätte in seinem Leben vieles anders machen können. Er hätte heute Geld, statt weiterhin um jede Lira kämpfen zu müssen. Er hätte heute ein Haus, statt einen stickigen, überkochenden Schlafplatz unter dem Dach der Bar. Vielleicht hätte er heute Familie, anstatt mit Teresa und den Kampfgefährten mit dem tagtäglichen Rücken zur Wand zu stehen. Entschieden hatte er sich damals, er hatte es Pietro in sein Koma hineingeschworen. Seitdem hütet er sein Andenken, seinen Geist und sein Erbe. Ein dorniger Pfad statt einer prachtvoll gepflasterten Promenade, sein Herzensweg ein Dornenpfad. Giacomo ist Sarde. Giacomo hält Wort. Ich weiß, daß er ihn zu Ende gehen wird. Selbst wenn die Dornen seine eigene Blütenpracht erstechen würden.

Die Bar hat offen, Giacomo hat mir einen Espresso gemacht, den ich mit an den Fluß genommen habe. Der messerscharfe, eisige Tramontana trägt Musikfetzen von der Bar zu mir her. In den pfeifenden Pinienkronen singt Francesco Guccini plötzlich davon, wie das damals gewesen ist, im Oktober 1967, als Che Guevara plötzlich tot war.

Schwarzwolkensonne, an perlenden Silberstreifen auf Olivenblättern zu Boden tanzend, atmet in grelle Gegenlichttransformatoren hinein. Eine kurze Wolkenlücke. Heiligkeit. Der Hund der Bar besucht mich. In seinem Fell wärme ich meine klammen Finger. Auf dem Rücken liegend streckt er mir genüßlich seine Vorderpfoten entgegen, auch als Fischreiher mit ihren glitzernden Schnabelfüllungen ganz nahe vorbeifliegen. Heiligkeit. Sofort rückt dunkelstes Grau in den Ausguck. Von hier nach dort draußen ist kein Land mehr in Sicht. Schlagartig rußt das Dunkelgrau, über mir plötzlich ein richtiger Heavy Metal-Himmel. Es fängt an zu hageln. Ein klatschendes Baßsperrfeuer schießt durchaus schmerzhaft grobgekörnte Breitseiten ab. Natürlich habe ich keinen Helm auf. Der Sound wäre immerhin wie doppelt gut. Ich bleibe sitzen, der Hund gibt der Terrassenüberdachung seiner Schutzhütte Präferenz. Francesco Guccini hat ausgesungen, auch wenn es im Oktober 1967 ebenfalls gehagelt haben sollte. Im Hagelschlag sieht der Fluß wie die zur Ewigkeit verdammte Gänsehaut einer kahlgeschorenen Hühnerbrust aus, auf der man nur die ganz winzigen Härchen, die aber flächendeckend, stehengelassen hat. Wie eine Skinheadhühnerbrust eben. Und genau daran zupft jetzt Gott. Gleichzeitig an jedem Härchen. Schließlich ist er ja kein Stümper.

So sieht das also aus, wenn es plötzlich in den Fluß hagelt. Das gibt einen gehörigen Nachschlag Muskelkater, direkt neben den Augen, also in den Augenblicken. Im Winter bin ich in den Süden gereist und bleibe jetzt im Hagelschlag des letzten, nunmehr kristallin entsorgten Sommers sitzen. In der katastrophal - antarktisch klingenden Geräuschkulisse bin ich gänzlich verstummt. Müßte mein Herz im Rhythmus der Hagelkörner weiterschlagen, dann wäre ich also in ein paar Sekunden tot. Auch dann, wenn wie vor ein paar Millionen Jahren ein Jahr noch circa vierundvierzig Monate hätte. Ein dreidimensionales Leben zwischen Herz, Seele und Geist in einem eindimensionalen Pulsbeschleuniger, so etwas ging auch schon einmal schief. Platzhagelverheerung über Indianer in seinem davonschwimmenden Niemandsland. Wohlgemerkt, ich erzähle hier nicht von Identitätskarten, ich erzähle Ihnen davon, daß der Hagel natürlich auch in mich einschlägt. Aber ich will mich jetzt nicht mehr verlassen. Also bleibe ich sitzen. Aufrecht, wenn auch filigran eingedellt.

Auch auf Sardinien gibt es unten an der Küste diese Tage, an denen die Schneegrenze nur noch bis zum nächsten Atemzug die Entfernung hält.

Sardinien hat ca. 3,5 Millionen Schafe. „Das Schweigen der Lämmer" war hier jedoch nie ein Kinohit, weil die Lämmer blöken und die hirtenden Männer schweigen.

Angelo kenne ich aus meinen sardischen Anfangsjahren, als er seine Schafherde noch auf dem Strand weiden ließ. Da stand er schon das eine und das andere Mal mit einer Wassermelone, mit frisch gepflückten Orangen oder gerade eben geernteten Artischocken in der Hand frühmorgens am Kopfende meines frei auf dem Strand aufliegenden Schlafsackes und lachte wie ein kleiner Schuljunge, weil ich meinen aus der letzten Nacht direkt importierten Rotweinkopf nicht sogleich in den Griff bekam. Seitdem sind wir beide nicht unerheblich älter geworden, wobei er immer aus dem frischeren Jungbrunnen getrunken haben muß.

Ihm ist bis heute der Glanz aus Herzlichkeit, Stolz, Gastfreundschaft, Schlichtheit und aus Jugendstreichen in den Augen stehengeblieben. Aus seinen sonnendurchfurchten Augenwinkeln, Angelo hat noch nie in seinem Leben eine Sonnenbrille getragen, wird auch morgen noch dieses unvergleichlich schlaue, schalkhafte Lächeln sickern, dieser mild fließende Strom aus alten Geschichten und immer neuem Leben. Warme Nationalität vergrößert seine Augen, zwei dunkle, sprudelnde Brunnen, die längst noch nicht versiegen wollen. Eine Ehre, dort hineinfallen zu dürfen.

Nach all den Jahren, in denen ich Angelo jetzt kenne, bleibt mir die unaufhörlich weiterquellende Ehrfurcht, in seinem Gesicht bleiben zu dürfen, dieses vom Lebenswetter durch und durch gegerbte, wie mit feinstem Leder überzogene Schattenlichtspiel, ein Bild, so authentisch wie aus dem Jahr drei nach Christi Geburt. Er ist gealtert, ohne alt geworden zu sein.

Angelo ist Schäfer, macht „frue", den sardischen Frischkäse, und „pecorino", Hartkäse aus Schafsmilch, in allen Größen und Reifungsgraden selbst. Vom Artischockenanbau über Gemüsekultivierung und Olivenzucht bis hin zum besten Wein der Region versorgt sich Angelo selbst. Kaufen muß er nur „pane carasau", das sardische, hauchdünne Dauerbrot, „salsicce", die sardische Dauerwurst vom Schwein, Esel oder Pferd, Mehl, Salz und Kaffee. Angelo ist Schäfer und kocht mit einfachen Mitteln aus der Natur eine Einheimischenküche, die in sardischen Spezialitätenrestaurants ihresgleichen sucht. Mit ihm schweigend in einem mit von ihm hergestellten Olivenöl gefetteten Schmatzen zu essen, ist fast intim. Wenn Angelo ißt, liegen seine schwarzen Glutkohlenaugen nie auf seinem Teller, sondern immer in deinem Gesicht. Durch sein stummes, kauendes Gegenüber habe ich im Laufe der Jahre immer besser verstanden, daß Nahrung nicht nur irdisch, sondern auch kosmisch sein kann. Angelo hat die Gabe einer unerschütterlichen Menschenkenntnis. Gerade im Schweigen und ganz sicher über dem Tellerrand. Um die Menschen besser zu kennen, hat er viel von seinen Schafen gelernt. Er hat natürlich sardische Schafe, aber eben auch eine ausgeprägte Deutschmenschintuition. Wir Deutschen winden uns ja gern um den Punkt, den wir hinzukommend noch gleichzeitig verdrängen wollen. Angelo benennt einfach den Punkt. Ohne ihn zu erklären. Ohne ihn zu kommentieren. Das ist die hundertprozentige Trefferquote in jeglicher Deutschmenschmentalität.

Angelos Italienisch ist zuckersüß sardisch akzentuiert. Seine Hände erzählen die Geschichten vom Feld, von der Weide, von den Rebstöcken. Seine Frau ist vor ein paar Jahren gestorben, kurz davor ist sein einziger Sohn tödlich verunglückt. Seitdem ißt er allein. Seitdem ißt er hastiger, befindet auch er. Seine Ausstrahlung spiegelt die Insel, die Rauhheit und das Sehnsuchtsflimmern, welche über den kargen Ebenen liegen, die Wildheit und der Duft von undurchdringlicher Macchia, das zornige Aufbegehren im unaufhaltsamen Zeitenstrom, die zarte Härte eines Volkes am Scheideweg, dort, wo alle temporär zusammengefaßten Regenbögen eine leuchtende Ewigkeit ergeben könnten.

Genau dort, wo ich nicht weinen kann, da lacht Angelo und klopft sich wie sich selbst inhalierend kraftvoll auf seine Schenkel, die sechzig Jahre Arbeit auf Backofenfeldern standgehalten haben.

Angelo ist wie eine sprachlose Rettung.

Vielleicht ist er jetzt siebzig, ich bin jetzt achtunddreißig. Mit seinen offensichtlich durch keinen Schicksalsschlag erheblich zu alternden Augen hat er exakt die Waagschale zwischen dem Vater und dem Großvater in mir getroffen.

Mit kleinen Gläsern sitzen wir direkt an seine Weinfässer gelehnt und füllen uns von Zeit zu Zeit dickflüssiges, sardisches Blut ab. Wir müssen nur den Hahn kurz aufdrehen. Damals und heute.

Die Kirche „Santa Maria é Mare“ liegt ca. zwei Kilometer außerhalb von Orosei, dort, wo der Fluß „Cedrino“ seine Mündung ins Meer gegraben hat. Zu den etwaigen Geburtszeiten von Christus befand sie sich bestimmt noch im Wiegenschoß der urchristlichen Unterwasserwelt, bis sie das Seefahrervolk der Pisaner im zwölften Jahrhundert auferstehen ließ. So direkt am Meer liegend wurde sie von den vorbeischippernden Kapitänen der Handelsflotten ehrfürchtig gegrüßt. Weniger ehrfürchtig ließen die passierenden Piratenkapitäne auch in diesem Moment die Rumflasche gotteslästerlich im eigenen Schlund stecken. Durch die sich reichlich abwechselnden Besatzer der Insel blieb von der ursprünglich romanischen Bauweise und Struktur der Kirche wenig erhalten. Meer, Wind und Salzluft fraßen die letzten originären Identitätsmerkmale weg. Erst 1976 erbarmte sich die oroseianische Adelsfamilie Guiso gönnerhaft spendend und ließ das erheblich zusammengeschrumpfte Gotteshaus restaurieren.

Ich bin gern dort. In der Mündung des Flusses hat Schwemmland einen Abstand zum Meer geschaffen, der es dem kirchlichen Grund und Boden heute ermöglicht, eine wunderschöne Aussicht auf die Küstenlinie zu gewähren. Die Kirche liegt über dem Sumpfgelände des Flusses und schaut auf das Meer hinaus, in das der Fluß hineinfließt.

Der Priester hält die Gottesdienste nicht im Inneren der Kirche ab. Er hat eine richtige Open-Air-Kanzel mit einem annähernd dreihundertsechziggradigen Rundherumausguck. Wenn er predigt, dann liegt vor ihm nur der Meerbusen und ein schlichter Altar aus fast schneeweißem Marmor, der von blau blühenden, intensiv duftenden Rosmarinsträuchern umsäumt ist. Zusammengezimmerte Schiffsplanken geben dem Priester einen schlammfreien, zumeist wasserlosen Halt. Kein Weihrauch verunreinigt die würzige Luft aus Thymian, Myrthe, Lavendel, Rosmarin und den schweren Geruchsbreitseiten uralter Palmenstämme. Mit einem freien Blick zum Himmel hinauf segnet der Priester die auslaufenden Fischerboote. Er macht das mit einem Kreuz aus Wind, Sonne, Regen und manchmal auch Schnee. Schau, schau, auch dieses Kreuz kann also zumindest manchmal vier Ecken haben. Dort draußen, im Urmaul der Gezeiten, finden die Fischer mit viel Intuition, mit der jahrzehntelangen Erfahrung von in den Nacken gegerbten Netzmustern und dem Vertrauen, daß Naturreligion und Christentum keine sich ausschließenden Gegenpole sind, den nächtlichen Weg ins Jagdrevier.

Die mit Salzluftkristallen verkrustete Stimme des Priesters erscheint mir göttlichnatürlicher als das vom Blatt gelesene Einheitslitaneigebrumme eines bischöflichen oder kardinalen Papstvertreters im Wendekreis von im Dunkeln gekreuzigten Kirchenstühlen. Der Priester von „Santa Maria é Mare" trägt ein schlichtes, weißes, im Wind flatterndes Gewand. In diesem Bild erscheint mir Jesus vorstellbarer als in sorgfältig ausgewählten Brokatgoldabständen, die von streng geometrischen Zickzackzylis-Stichen in Lila akribisch unterbrochen sind. Mich so ganz intim am Heidentum entlangflüsternd, ahne ich ergriffen, daß *das* Religion sein könnte. Wenn das weiße Gewand des Priesters zwischen den blau blühenden Rosmarinsträuchern im dunstschlagseitigen Wind weht, spüre ich eine mediterran-göttliche Kraft in mir, die weit entfernt liegt von dem Aspekt, daß man Kirchen in erster Linie unter der Vorgabe gebaut hat, den ohnehin nicht sehr freiwilligen Gottesdienstteilnehmern möglichst viel dumpfe und wuchtige Schuld in die sühnegeplagten Sünderseelen zu mauern. Wenn der Priester von „Santa Maria é Mare" mit erhobenem Kopf auf das Meer hinaus predigt, ist es, als ob alle Religionen der Welt in die eine Religion der Natur zurücktransformiert werden. Wenn am Morgen die Fischerboote wieder einlaufen, fallen die Seemänner nicht sich selbst erniedrigend auf die Knie, um sich dafür zu bedanken, daß sie in der pechschwarzen Nacht nicht von einem Seeungeheuer aufgefressen worden sind. Sie bleiben aufrecht stehen und schauen mit festem Blick auf die Kirche „Santa Maria é Mare", in das Auge Gottes.

Auf der Kanzel stehend schaue ich auf das Meer hinaus, atme den Duft des freikirchlichen Gewürzschrankes ein, spüre unter den Schiffsplanken die Kraft dieser anderen Form von Religiösität und wünsche mir, daß Pietro hier begraben sein könnte.

SCHROTKUGELN IM MILLENIUMSZENIT

Am letzten Vorabend in einem ganzen Jahrtausend sitze ich also noch vor der brennenden Glut des Kaminfeuers an der Ostküste von Sardinien.

So ein letzter Vorabend in einem ganzen Jahrtausend bräuchte Schultern mit Überbreite, ganz modern gestählte Herkulesarme und ein muskeldurchkreuztes Kreuz, bräuchte Oberschenkel, so dick wie Brückenpfeiler und so richtig pervers stramme Waden, um die Ereignisse von tausend Jahren tragen und ertragen zu können.

Ich für meinen Teil bin natürlich kein Jahrtausend-Terminator. Ich bin das schwache Geschlecht und wünsche dem letzten Vorabend in einem ganzen Jahrtausend von Herzen, daß er die nun fast abgelaufenen tausend Jahre auf festen Pfirsichbrüsten, geschmeidigen Schlangengurkenhüften, auf straffen Klarapfelpobacken und bananenschlanken Fußfesseln tragen und ertragen wird können.

Aus dem Glutfond des Kaminfeuers schillert mir mein Hauptgewinn in der Lotterie ohne Geldausschüttung entgegen: Ich bin auf Sardinien. Und zwar jetzt im Moment. Adesso nel momento. Da springt mein Herz wie Schüsse im Dreivierteltakt. Da beiße ich mich liebend gern in sardischer Erde fest und verzichte darauf, mich nach Deutschland zurückzuschlucken. Ich sitze jetzt nicht mehr in den tagtäglich punktunpünktlichen Vorstadtzügen und starre pupillenfixiert in das Halbgefrorene einer vermeintlich demokratischen Republik hinaus. Ich bin nicht mehr einem Alltag verfallen, der die grandios verantwortungsbewußte Aufgabe hat, sich selbst zu nummerieren. Ich sehe nicht mehr die Augen, die sich an einem doppelten Sichtspagat versuchen müssen, nur um eine Seele hinter Tastaturblicken und Bildschirmpupillen erkennen zu können. Ich bin nicht mehr so vorösterlich nachklösterlich gestimmt. Ich muß mir die Augenklappen nicht aus einer kaum mehr erkennbaren Euroseele herausfischen.

Ich bin erst einmal raus.

Leidenschaftlich ergriffen atme ich durch und durch, wieder und immer wieder. Natürlich könnte es sein, daß ich im Gesamtbild eines Vorabends in einem ganzen Jahrtausend die Luft in mir noch anhalte. Aber der Gesamtbildschein trügt.

Am letzten Abend in einem ganzen Jahrtausend sitze ich vor einem hochaufgeschürten Strandfeuer, das direkt in das Meer schaut. Ich schaue in die Strandfeueraugen meiner Frau, die von den Flammen geschürt werden. Um uns ist es still und dunkel. Nur die bissigen Nordostwindböen klappern zähneknirschend in den dürren Pinienästen und feuern immer wieder die Brandung an. Brennend gehe ich in den Strandfeueraugen meiner Frau schwimmen, ströme wohlig weit hinein in diese dahinterliegende Seele, die mich liebevoll begleitet, zuverlässig stützt und die mich in diesem permanenten Schwimmen manchmal sogar mit einer nie gekannten Thermik jauchzend in die Lüfte fliegen läßt. In mir ist es ruhig. In mir bleibt das seit Monaten immer nervösere, immer spektakulärere, immer schneller, höher und weiter angekündigte Milleniumsspektakel aus. Doch draußen, um mich herum, tut sich jetzt allerhand. Eine Gruppe von Sarden mit schwerkalibrigen Schrotflinten feuert wie besessen in die Pineta hinauf. Krachend zersplittern Pinienäste auf dem nahen Waldboden. Über uns, auf dem Strand, regnet es kreuz und quer verschlagene Schrotkörner auf uns herunter. Ökologisch gutgläubig, wie ich es im Grunde gar nicht bin, sage ich mir, daß sie gezielt den kranken Wald ausdünnen. Endlich eine sinnvolle Milleniumsaktion. Wir haben keine Uhr, hören aber sehr genau, wie das Trommelfeuer aus dem nahen Dorf und direkt um uns herum stetig zunimmt. Ein Crescendo Richtung Fortissimo, was eine gewisse Ähnlichkeit mit einem Dauerbeschuß hat. Plötzlich, südlich von uns auf dem offenen Meer, wird von einem unsichtbaren Schiff aus eine Leuchtfeuerrakete abgeschossen. Das Licht wächst und wächst, das ganze Wasser der Bucht ist schlagartig in grelle, satte, rotlila Farbtöne getaucht. Fast zeitlos, ungefähr wie ewige Minuten, bleibt das Leuchtfeuer schrill und bizarr am Nachthimmel stehen. Längst halten wir uns fest, so fest wie möglich, von der ganzen, ergriffenen Gänsehaut beulen wir ganz unförmig aus. Das ist unser privater Startschuß in eine Zeitrechnung, mit der wir nichts mehr zu tun haben, ein tropisches Nordlicht, ein Fernlichtabgesandter vom Stern Sirius. Wenn jetzt auch noch ein Raumschiff landen würde, flöge auch ich nicht unmittelbar in Ohnmacht. In dichten Strömen regnet es jetzt Schrotkörner auf uns herab, ja, erst jetzt nehme ich meine Umgebung wieder wahr. Die Sarden schießen die antiken Läufe heiß. Für das Neue Jahrtausend haben sie sich sicherlich vorgenommen, die zeitlos klassische Pinienform nachhaltig zu verändern. Auguri. Herzlichen Glückwunsch.

Ein Regentag auf der Insel. Das soll schon einmal vorkommen. Hoffentlich fortan häufiger. In diesem Winter, der wie jedes Jahr die Wasservorräte bis über den Sommer hinaus sichern soll und muß, sind die Reservoirs noch nicht annähernd halbvoll. Die ersten Anzeichen von Versteppung auf Sardinien sind schon ein paar Jahre alt. Dieses Jahr werden noch mehr Touristen kommen. Ihre Wasserversorgung ist natürlich gesichert, vor allem auch dadurch, daß den Einheimischen das Wasser in den Sommermonaten rationiert wird. Wasser aus Tankschiffen vom Kontinent ist für fast jeden Dorfbewohner unbezahlbar.

Furchtbar gerecht, die, die über das Meer kommen, stehlen existentiell weiter.

Nichtsdestotrotz – heute ist ein Regentag auf der Insel. Du stehst mit Sarden unter dicht gedrängten Zypressenreihen, wirst darunter kaum naß. Ihr habt die Arbeit, einen Zaun auf den Flächeninhalt eines großen Grundstückes zu setzen, unterbrochen. Du hast stundenlang mit deinen hightech-infizierten, somit dreckigen Händen in sauberer, sardischer Erde gewühlt. Schon in den Fingerkuppen hast du die Heilung sofort gespürt. Es schüttet, ihr lacht, ihr scherzt. Ihr pflückt Orangen direkt vom Baum, ihr pflückt eure sardischen Messer mit den sorgfältig verarbeiteten Horngriffen und Klingen aus den Hosentaschen, schält die ungespritzten Früchte und eßt sie gegen den Durst. Die Sarden erzählen von der engen Schwermut hinter dem Inselumriß. Ihr schmiedet gemeinsame Pläne für die große, weite Welt. Andere Kontinente, das versunkene Atlantis und natürlich Kuba. Schulter an Schulter stehend atmet ihr euren ausgeatmeten Atem wieder ein. Die Luft dampft, der Regen läßt nach.

Stunden später steht ihr wieder dicht gedrängt unter dicht gedrängten Zypressenreihen. Die Arbeit ist getan, der Zaun steht im Sinne der Geometrie fast perfekt. Ihr raucht Nazionali, der Regen hat aufgehört. Die Überreste des Abendhimmels sind vom auffrischenden Wind weit aufgerissen worden. Nach der Wintersonnenwende haben sich die Tage schon wieder einen Tick verlängert. Deine Muskeln schmerzen wohltuend, die Erde dampft im Zwielicht, deine Augen saugen Pastellnebelfarben auf. Dahinter bilden Palmenblätterkonturen zwischen den mittelalterlichen Dachfluchten des Dorfes eine wirkliche Afrikaunwirklichkeit ab. Landschaftsluftschlangen liegen serpentinengleich in steiler Schräglage. Ihr lacht wieder und scherzt noch kindlicher ausgelassen um die Wette, was sich dann zumeist, nicht typisch sardisch sondern eher ganz einfach männertypisch, unter der Gürtellinie abspielt. Die Arbeit ist getan.

Erst unter den Augenwimpern senken sich die letzten Abendstreiflichter, überall dampft es jetzt brodelnd. Vor ein paar tausend Jahren gab es viele aktive Vulkane auf der Insel. Jetzt öffnet die sardische Erde, ein Granitsockel mit darauf abgelagerten Kalk- und Basaltsedimenten, wieder alle Poren. Die Luft hält an, verschleiert sich, ist schon vor dem Horizont unsichtbar. Ihr tretet aus dem Schatten des Zypressendaches hervor und entkorkt sorgfältig den selbst hergestellten Wein, um das Brot geschmeidiger brechen zu können. Königskinder allesamt, die sich zu weit von dem „und wenn sie nicht gestorben sind, dann leben sie noch heute“ entfernt haben. In vielen sardischen Gesichtern, vor allem in alten sardischen Gesichtern, findest du eine Wahrheit, die dir aus Deutschland vielleicht so nicht bekannt ist – das Urgestein. Erst vom Sturmwind abgenagt, dann im Sonnenwindschutz abgebrannt, am Ende vom Salzfraß abgelaugt, eine nackte Wahrheit, die schön und grausam zugleich ist.

Ihr habt zusammen gearbeitet, ihr habt gescherzt, ihr habt zusammen gelacht, ihr habt euch ins Gesicht gesehen. Jetzt trinkt ihr den Wein hinter den Abend. In dieser Grundessenz ist das Leben die Lebendigkeit.

Auch in einem neuen Millenium, das einzige, was ich in meinem Leben erlebt haben werde, bin ich am Strand und höre mich in die sardische See hinein. Es ist jetzt Januar, und steter Wind aus Nordosten reißt unaufhörlich an den Seelenkettengliedern zwischen Heimat und Heimat.

Die Bucht heißt Cala Ginepro, und die Strandvegetation besteht hier vornehmlich aus windgekrümmten Wacholderstämmen. Das sind bizarr ineinander verdrehte Holzfasern mit stets bis an den Zerreißanschlag gespanntem Wurzelwerk in einer annähernd erreichten Lufthaltung, an denen ein äußerst unterbrechungsunwilliger Seewind ohne Politik, Wirtschaft, Kultur, Gesellschaft und sogar ohne Vorhersagbarkeit unablässig zerrt. Trotzdem tragen die Wacholderäste in der jahreszeitlich richtigen Zeit eine zuverlässig pralle Frucht, die intensiv nach dem nur vermeintlichen Widerspruch von Altertum und Frische riecht.

Hier auf der Insel ist der Punkt, auf dem der Wind danach trachtet, seine eigene Geschwindigkeit zu überholen. Wahrscheinlich ist die Insel deshalb exakt an dieser Stelle im Fadenkreuz des Mittelmeeres entstanden. Geologisch gesehen war das natürlich anders:

Vor ca. 27 Millionen Jahren brach aus der europäischen Festlandplatte ein kleines, aufmüpfiges Stück Erde ab, ungefähr dort, wo heute die Bucht von Marseille liegt. Der frischgeborene Minikontinent drehte sich gegen den Uhrzeigersinn, so halb und doch nicht ganz um die eigene Achse, und driftete munter nach Süden los. Die ebenfalls vorwärts drängende, afrikanische Festlandplatte war dabei so eine Art Bremskraftverstärker für den kecken Vorwärtsdrift des heutigen Sardiniens und verhinderte durch weit vorgelagerte Kräfte den direkten Auffahrunfall zwischen den ungleichen Gegnern. Sardinien liegt somit im Zentrum eines annähernden

Kräftevakuums. Deshalb ist die Insel ja auch der Raum, in dem man nicht gealtert wird, sondern altersentsprechend altert.

Ausatmen wie aufatmen.

In Deutschland lebend wurde ich gealtert, und weil ich das schlecht ausgehalten habe, alterte ich mich vor allem selbst. In einer immer verzweifelteren Faltenverfolgung übernahmen die Falten schließlich selbst das Kommando und verfolgten mich wiederum mit tief hinterlassenen Spuren.

Ausatmen wie aufatmen. Hier. Mit den Blickschienen auf das offene Meer hinaus kann ich auch neben der Spur die Richtung halten.

Schräg einfallende Sonnenstrahlen, die auf dem Wellenritt draußen auf offener See durch hoch aufgeschichtete Wolkentürme purzeln, haben für eine winterliche Nachmittagsstunde lang Dauerdurchfall. Sie verengen sich elliptisch verzerrt zur Küstenlinie hin. Ein Dali´sches Ei, welches der Meister selbst nicht besser hätte malen können. Dieses nun hier vorliegende Dali´sche Pseudo-Ei fokussiert sich auf eine steil aus dem Meer ragende Felswand. Ihrem schroffen Fuß ist eine von den Wellen grell reflektierte Sonnenhalskrause umgebunden.

AM SCHEITERHAUFEN DER KOSTBARKEITEN

Überall auf der Insel brennen am 16. Januar die Feuer von St. Antonio zu Ehren des Schutzheiligen Antonius. Fast jedes Dorf hat ein großes, gemeinsames Feuer und je nach Einwohnerzahl viele oder ganz viele kleine, private Feuer im engen oder erweiterten Familienkreis. Der Feiertag von St. Antonio hat auch einen sozialen Zweck. Am großen Dorffeuer wird kostenlos Wein, Kaffee, „su pistiddhu“ und „pane nieddhu“ gereicht. „Su pistiddhu“ sind Süßigkeiten aus Mehl, Hefe, Honig und natürlichen Gewürzen, „pane nieddhu“ ist eine Art aromatisch gesüßtes Schwarzbrot. Familien, die am kleinen, privaten Feuer dinieren, laden dazu die Armen des Dorfes ein.

Für das große, gemeinsame Feuer wird in Orosei ein Holzhaufen aufgeschichtet, der zu den größten und höchsten der ganzen Insel zählt.

Von Epifania an, den Heiligen Drei Königen, karren die Dorfbewohner sämtliche Holzsorten der Umgebung in den Innenhof einer nach dem Schutzheiligen benannten Kirche. Dort werden sie zehn Tage lang Schicht um Schicht nach oben in den Himmel gebaut. Eine Besonderheit auf Sardinien. Die meisten Holzstöße stehen nicht zuletzt wegen der Brandgefahr und der enormen Rauch- und Hitzeentwicklung frei.

Der Feuernährboden für St. Antonio hat in Orosei eine konische Form mit einem Durchmesser von ca. zwanzig Metern und ist ungefähr zehn bis zwölf Meter hoch. An einem speziell angefertigten Pfahl aus Zypressenholz wird am 16. Januar auf dem höchsten Punkt des Holzstoßes ein Kreuz in den Nachmittagshimmel gekreuzigt. Die Konturen des Kreuzes sind liebevoll mit frischen Orangen gerändert.

Bis in die Abenddämmerung wird die Messe gelesen. Mit Einbruch der Dunkelheit tritt der Priester in der Schar seiner jungen Ministrantengefolgschaft weihrauchbewölkt aus der fünfhundert Jahre alten Kapelle in den Innenhof. St. Antonius, der Schutzheilige, wird auf vier breiten Schultern mittels einer Stangenkonstruktion ins übermannshohe Schlepptau genommen. Der jetzt im Dunkeln liegende Holzstoß wird gesegnet. Nur Fackeln brennen. Der gesamte Innenhof der Kirche ist bis auf den letzten Quadratzentimeter gestopft voll. Man sieht kein Gesicht, ab und zu hört man ein Flüstern. Auch der Priester flüstert segensreich. Man spürt die Spannung von einem unbekannten Leib an Leib. Nachdem der Meßdiener dem Priester den Kelch zum Heiligen Abendmahl gereicht hat, nimmt er eine Fackel und versenkt sie, so weit sein Arm reicht, im Innern des Holzstoßes. Daraufhin zieht der christliche Gefolgsschwarm kreisförmig gegen den Uhrzeigersinn um den

Holzstoß. An den vier genau gegenüberliegenden Stellen, vielleicht einmal ganz unchristlich genau die vier Himmelsrichtungen, stößt der Meßdiener mit der Fackel zu. Eine antibakterielle, fast klinisch wirkende Feuertaufe. In der vierfachen Wiederholung wirkt sie auf mich wie eine Zeitlupenmontage.

Ausgehend von diesen vier Stellen muß sich das noch schwache Feuerzünglein erst einmal gründlich trockenfressen, da es die Nacht davor stark geregnet hat. Nach einer halben Stunde zieht sich das Feuer an mehreren Stellen wie am eigenen Schopf gierig nach oben. Die Flammenkronen zeigen schon Richtung Kreuz, da klettert wieselflink ein junger Sarde im Ringelpulli und in khakifarbenen Arbeitshosen – im übrigen wäre das beileibe nicht die unpassendste, christliche Uniform – den steilen Holzstoß nach oben und evakuiert triumphierend das mit frischen Orangen umkränzte Holzkreuz vom Gipfel des, ja, man möchte in diesem Moment fast sagen, vom Gipfel des Scheiterhaufens.

Für heute ist ihm der junge Sarde entkommen, bei dieser waghalsigen Mutprobe sind auch schon Jünglinge um ihr Leben gebrannt worden. Je länger der Auserwählte wartet, d. h. je höher die Flammen sich schon gefressen haben, desto garantierter ist Ruhm noch Ruhm und Ehre noch Ehre. Mit seiner Trophäe in der Hand jagt der junge Sarde johlend den Holzstoß hinunter, den Flammen entgegen und dann darüber hinweg.

Erst jetzt setzt sich die Menschenmenge schweigend in Bewegung. Drei Runden um das Feuer, gegen den Uhrzeigersinn. Das soll reinigen und Glück für das jetzt schon laufende Jahr bringen. Langsam füllt sich die Nachtluft sattschwer mit gewürztem Holzgeruch aus Pinie, Rosmarin, Olive, Zypresse, Wacholder, Meerkirsche und Eukalyptus. Jeder, der sich auf den Dreirundenkurs begeben hat, tritt kurz nach seinem persönlichen Startsignal an den Holzstoß und pflückt Zweige, die er während der Runden in den Händen hält, dann mit nach Hause nimmt und sie dort bis zum 16. Januar im nächsten Jahr sorgfältig aufbewahrt. Fast alle pflücken Rosmarinzweige.

Nach über zwei Stunden haben sich die Flammen bis zum kreuzlosen Gipfel hinaufgefressen. Jetzt noch Zweige zu pflücken und sich auf Kurs zu begeben ist schon ein trotzig herausforderndes „Dieses Jahr zeige ich es dir aber, du Jahr“ – Wagnis oder eine selbstüberhöhende „Ich bin ab jetzt unverwundbar“ – Kamikazekopie. Die Zeiten des milden Züngelns sind jedenfalls auch in diesem Jahr ein für allemal vorbei. Eine nackte Urwucht steht da lodernd in den Himmel geschossen. Es sind vor allem junge Menschen, die gerade Volljährigen und hauptsächlich die gerade noch nicht Volljährigen, die jetzt mit seitlich vor dem Gesicht angelegten Händen durch die Runden ziehen. Rauchtaifune wirbeln um die letzten, frischen Beutehappen. Die Hitze über dem nun wirklich brennenden Holzstoß schleudert in vulkanischen Fontänen Glutbrocken in den überdosierten Nachthimmel hinauf. Wie hoch, kann ich schlecht schätzen. Ich weiß nur, daß mein Genick mehr als waagerecht durchgebogen sein müßte, um sie alle sehen zu können. Man nimmt nun doch lieber den einen oder den anderen Meter mehr Abstand. Mißtrauisch gegenüber Versengungsmerkmalen sehe ich viele Augenbrauen, die jetzt unruhig hin und her zucken. Die hoch hinaufkatapultierten Glutbrocken fallen selten als Asche zur Erde herab, apokalyptisch regnet es Glutfetzen auf die schirmlose Gemeinde.

Die öffentliche Ordnung wird von Carabinieris aus dem Inneren ihrer Dienstfahrzeuge heraus bewacht. Obwohl die blauweißen Alfa Romeos selbst auf Sardinien keine Cabrios sind, haben die Ordnungshüter ihre Dienstmützen auch im Fahrzeuginnenraum aufbehalten. Man weiß ja nie.

Verwirbelte Rauchschwaden preschen wie Derwische pfeilschnell tanzend in das uferlose Schwarz nach oben, also heute wasche ich meine Hände im Aschenbecher. Selbst ein altes Paar wagt den Tanz noch. Sie nehmen sich fest bei der Hand, mit der jeweils freien Hand schützen sie ihre Gesichter. In dem Innenhof der Kirche ist es schon lange glutheiß, aber genau in diesen drei Runden des alten Paares, die ich voller Bewunderung mit meinem Augenpaar intensiv mitkreise, zerschmelze ich von innen heraus. Die alte Frau und der alte Mann werden direkt im Nachthimmel gesegnet, der jetzt wieder ein Jahr auf solch eine köstliche Gewürzmischung warten muß.

Hinter einer tagelang dichten Wolkenfront, die konstant von Nordwest- nach Südostsardinien gezogen ist, zeigt die Nacht plötzlich übergangslos die komplette Sternenkulisse. Du bist schon länger draußen gesessen, aber der Vorhang hat sich von dir zunächst unbemerkt geöffnet.

Mit einem Mal ist der Raum unendlich, wirklich unendlich. Du siehst ohne Nackenschmerzen hinauf – in den ersten Tagen nach St. Antonio war das undenkbar. Unendlich. Nach der tagelangen Endlichkeit können deine Augen das wirklich vollkommen erfassen. Erst als du versuchst, dir in deinem Kopf die Dimension „unendlich“ auszumalen, bist du mit einem Mal vollkommen davon überzeugt, daß deine Augen diese Dimension niemals erfassen werden können.

Deine Augen können das erfassen. Sie dürfen nur nicht den Kopf dazu benutzen.

Der Wasserkrug ist aus schlicht verarbeitetem Ton und steht im stürmischen Westwind kerzengerade auf dem Kopf der alten Frau. Auch die alte Frau geht kerzengerade durch den stürmischen Westwind. Beide geraden Kerzen könnte man zwanglos mit der Wasserwaage nachmessen. Der Tonkrug faßt einige Liter frischen Brunnenwassers und steht ohne polsternde Unterlage auf dem schwarzen Kopftuch der alten Frau. Ihre linke Hand stützt den Krug, die rechte Hand hat sie gegen die Hüfte gestemmt. Diese zwei Ausgleichsbewegungen sind auf den Sturm zurückzuführen. Bei lauen Frühlingswinden oder im Atemstillstand des Wüstensommerwindes findet diese Kunst freihändig statt.

Noch nie habe ich eine junge Frau oder gar einen Mann unter diesen Tonkrügen gesehen. Alle alten Frauen auf Sardinien, die auf diese Art und Weise noch Wasser vom Brunnen in das eigene Haus transportieren, haben drei Dinge gemeinsam: Zum einen sind sie alle in Schwarz gekleidet. Dies legt die Vermutung nahe, daß es sich hierbei offensichtlich ausschließlich um Witwen handelt, was durch mein über einen langen Zeitraum äußerst vorsichtig angelegtes Nachfragen auch bestätigt wird. Zum zweiten löst die Ausstrahlung der alten Frauen unter den Tonkrügen die Konturen auf, d. h., daß in der direkten Betrachtung das Gegenständliche fast sofort verschwindet, was wiederum bedeutet, daß man die alte Frau und den Tonkrug nur für einen Moment als ebensolches Bild auch erkennt, bevor nur noch gleißende Würde und kerzengerader Stolz den Raum hinter der blitzlichthaft visuellen Realität ausfüllen. Die dritte Gemeinsamkeit liegt darin, daß man nie den Hauch einer Anstrengung erkennt. Unter dem Gewicht der auch ohne Wasser schon sehr schweren Tonkrüge scheinen sich die alten Frauen geschmeidiger und ungebrechlicher zu bewegen, als ohne diese nicht gerade federleichte Kopfbedeckung.

Von Orosei aus fahren meine Frau und ich frühmorgens los. Erst nach Westen, dann nur noch nach Süden. Über sanfte Winterlichtebenen im Sonnenaufgang, durch den dichten Nebel rauh gewürzter Hochplateaus, vorbei an dumpf schweigenden Nuraghen, vorbei an zahllosen Schafherden am Straßenrand, die fröhlich bimmelnd ihre Mäuler im Morgentau frischer Gräser baden, vorbei an versteckt verwinkelten Dörfern, die sich noch den Schlaf aus den Augen reiben, bis hin zur Hauptstadt der Insel. Cagliari.

Cagliari ist die einzige Stadt auf Sardinien, die im Zweiten Weltkrieg zerbombt wurde. Cagliari ist das afrikanische Artischockenherz der Insel, ein großgewachsenes Kleinod aus wie karibisch abgewanderten Palmenträumen. Cagliari ist die zentrale Zuwanderungsstelle für Arbeitslose, illegale Einwanderer, Schmuggler, Dealer, Flüchtlinge und für Abzocker, die sich an alldem tunlichst bereichern wollen. Cagliari ist ein lärmender, pulsierender Bazar für Religionen, Rassen und Kulturen, für Verfolgte, Vogelfreie und

Geschäftemacher. Auf dem Bazar werden Farben jeglicher Art getauscht und neu gemischt.

Doch all das spielt heute kaum eine Rolle – meine Frau will in Cagliari Wolle kaufen, um davon eine Babydecke zu stricken. Farbe: Dunkelblau. Schulter an Schulter stehen wir in einem Wollegeschäft in der Altstadt, dort, wo orientalische Gewürzmischungen an den schmalen, hohen Gassen lecken. Dort stehen wir noch, während wir schon in einer Falle der unheimlichen Begegnung der zweieinigen Doppelart sitzen: Zwei alte Frauen stehen im Laden. Sonst niemand, außer der Verkäuferin, die meine Frau sehr freundlich berät. In dieser auch fachlichen Beratung bin ich schnell entschlossen nicht ganz bei der Sache, weil sofort auffällt, daß die zwei alten Frauen nicht, wie fast landestypisch sardisch, ganz in Schwarz gekleidet sind. Sie haben die vornehme Blässe der Städter im Gesicht, was durch ihre knallgrünen Hüte noch auffälliger kontrastiert wird. Beide tragen sie schwere, graue Mäntel mit knallhellgrünen Stolas darauf. Die neben ihnen übereinander abgelegten Handschuhe sind knallrot. Zwei durch die vier sehr wachen Augen sehr lebendige Gesichter, in allen vier Augen eine grell schleichende Spur von weit aufgerissenem Wahnsinn. Zwei Gesichter, die in Form, Faltenmuster und Abeckungswinkeln an und für sich sehr verschieden sind, aber durch ein vielleicht jahrzehntelanges, vielleicht sogar symbiotisches Zusammenleben über jede Tag- und Nachtgleiche hinweg, die exakt gleichen Züge, den exakt gleichen Ausdruck haben. Wie ein genaues Abbild ohne direkte Ähnlichkeit.

Die zweieinigen Gesichter tuscheln gedämpft zischend, einen Augenblick später zanken sie empört und vor allem ohne frühwarnenden Übergang in den Saum einer Spitzentischdecke hinein. Dann liegen vier Hände auf einer einzigen, gehäkelten Luftmasche, die durch zwei geteilt werden muß, so scheint es. Eine vierhändig oberflächliche Prüfungskommission, die natürlich nur ein willkommener Vorwand ist, um in vollständiger Dualität blitzschnell anwesend zu sein, sobald sie Wind davon bekommen haben, daß meine Frau eine dunkelblaue Wolle kaufen will. Dunkelblau. Für eine Babydecke.

Meine Frau schaut noch unbedarft lächelnd und nur zufällig zu ihnen hinüber, ihren Blick weiter im Raum umherschwenkend, der als nächstes sofort auf ein Regal fällt, welches bis unter die Decke mit unbehandelter Schafswolle verstopft ist. Zu spät.

Lechzend haben die zwei alten Frauen den Bruchteil von einem zufälligen Sekundenkontakt in einen Startschuß abgewandelt. Sofort löst sich die vierhändige Luftmasche unter ihren Augen völlig in Luft auf. Unerbittlich charmant und so richtig doppelseitig zusammengeklebt greifen sie auf italienisch an. Eine dunkelblaue Babydecke?

Das sei ja wohl eher etwas für das eigene Begräbnis. Bei dem Wort „funerale", „Begräbnis" prusten beide gleichzeitig kichernd los. Ob wir denn schon so alt seien? Eine der wenigen, angenehmen Errungenschaften dieser hyperübermodernen Zeit seien doch zumindest die ausgesprochen knallig wirkenden und sogar tolerierten Knallfarben. Warum dann ausgerechnet dunkelblau? Für ein Baby! Ob wir da nicht einen Schritt zu weit gingen? Das Baby – dabei blicken beide so gleichzeitig wie mitleidig auf den Bauch meiner Frau, der noch keine sichtbaren Spuren von Schwangerschaft zeigt – das Baby könne das ja leider nicht mitentscheiden, würde aber wohl auf alle Fälle..., wenn..., und...

Die Geschwindigkeit ihres argumentativen Farbdogmatismus nimmt noch zu. Die Raumluft zum Atmen nimmt noch ab. Meiner Frau wird rasant schwindelig. Da blockt sich die Verkäuferin mit ihrem wuchtigen Körper dazwischen. Sie stellt sich genau zwischen die zwei inzwischen sichtlich rot geschnauften Köpfe der netten, alten Damen und bedient uns von dort aus weiter. Sichtlich verständnislos brüskieren die zwei netten, alten Damen ihren Symbiosekopf zur einen und zur anderen Seite weg. Die nächste anvisierte Luftmasche wird so überhaupt keinen Boden unter die Füße bekommen können.

Meine Frau und ich kaufen die nunmehr vom Tod gezeichnete Farbe der Wolle für die Babydecke, nicht mehr die Wolle selbst. Allerdings ergibt die Nennung des Preises zwei heftig knallerrötende Farbnuancen in zwei nicht näher zu bezeichnenden Gesichtern, welche von den zwei netten, alten Damen leider nicht erblickt werden können, weil das Körpervolumen der Verkäuferin wohl beim militärischen Abschirmdienst ausgebildet wurde. Die zwei netten, alten Damen sind gänzlich verstummt und vergraben ihre vierhändige Symbiose in der nächsten Luftmasche einer Spitzentischdecke, deren Farbe für meinen Geschmack eine Spur zu cremig weiß ist.

Als meine Frau und ich schweißgebadet den Laden verlassen, grüßen sie freundlich nickend, so friedlich einvernehmlich, so pazifistisch einverstanden, als ob wir knallbunte Wolle für eine Babydecke erstanden hätten.

Mein Stammcafé in Orosei, die Bar „Da Franca", liegt zentral am Piazza del Popolo, das Zentrum der Altstadt, der Geschichten erzählende Puls des Dorfes. Franca, die Inhaberin, kenne ich noch als Jugendliche, die damals ihren Eltern ab und zu beim Bedienen ausgeholfen hat. Heute hilft ihr ihre jugendliche Tochter aus. Daran müßte ich sehr bildlich erkennen, daß ich jetzt fast eine Generation lang nach Orosei komme, diese Generation lang auch selbst mitgealtert bin. Nur so richtig mitglauben wollte ich das schon im laufenden Beisein der Jahre nicht. Und auch heute noch weigere ich mich so unnachahmlich stur.

Die Bar „Da Franca" hat sich in diesem Generationssprung natürlich auch verändert. Früher war sie schlicht, heute hat sie ein typisch italienisches Design. Liebevoll sage ich „Marmorsteinbruch" dazu, es ist mein Stammcafé geblieben. Wegen dem zentral palmengefächerten Sitzen auf der Lebensader des Dorfes. Wegen Franca selbst, die ich sehr bewundere. Weil sie nach all den Lebensunzulänglichkeiten und Todesstößen, die ihr von ihren Mitlebenden verabreicht worden sind, immer noch sehr gerade und sehr aufrecht hinter der marmorierten Theke steht. Weil sie gerade dort das Lachen nicht verlernt hat und sich weiterhin bravourös gegen die Männergesellschaft vor der marmorierten Theke durchsetzt. Weil sie schön ist und ein sehr großes Herz hat.

Heute regnet es, und ich sitze in der Bar, die bei solch einer Wetterlage immer dick verqualmt ist. Auch der alte Mann sitzt in der Bar und raucht zu einem Gläschen Rotwein eine Zigarette, die er geschenkt bekommen hat. Er raucht sie sichtbar stolz und genüßlich. Er liest die Zeitung, den politischen Teil, obwohl er vor und hinter seinen meterdicken Brillengläsern kaum mehr etwas erkennen kann. Gleichzeitig hört er im Radio den Fußball der Seria A, der ersten Liga in Italien, mit. Durch einen selten zu beseitigenden Wackelkontakt in seinem Hörgerät muß er sich dabei mehr ausmalen, als er tatsächlich verstehen kann. Ungehalten und zornig zuckt er allemal zusammen. Sardinien hat nur eine Mannschaft in der Seria A, U.S. Cagliari, vorletzter Tabellenplatz, und just in diesem Moment, gegen Ende der zweiten Halbzeit, liegen sie wieder 0:2 zurück. Und das auch noch gegen die Mannschaft von Venezia, die erst in dieser Saison aufgestiegen ist und einen Tabellenplatz vor Cagliari liegt.

Der alte Mann schaut mich an, wir kennen uns schon lange. Mit seinem schweren, wuchtigen Kopf, den er nie ohne Baskenmütze trägt, nickt er ein angedeutetes Lächeln in meine Richtung, veranlaßt Franca mit demselben dazu, meinen Cappuccino und meinen Mirto auf seine Rechnung zu setzen. Nach all den Jahren habe ich immer noch das Gefühl, daß ich in seinem Gesicht in ein metertiefes Herzgrubenglück falle. Er redet nie mit mir, weil er stumm ist. Er erhebt sich vom Tisch, obwohl er nicht mehr richtig stehen kann, was keineswegs dem Gläschen Wein zuzuschreiben ist. In seiner rechten Hüfte rotieren aus einer ursächlich jugendlichen Jagdzeit Schrotkörner um eine Zeitachse, deren Neigungswinkel unerbittlich zugenommen hat. Erstaunlicherweise geht er ohne Stock. Er hinkt von Tisch zu Tisch und sammelt alle in den Aschenbechern ausgedrückten Kippen ein. Vor und hinter diesen meterdicken Brillengläsern hat er überdimensionale Augen, die kein konkretes Sichtfeld mehr haben. Kippe für Kippe tastet er sorgfältig in eine leere Zigarettenschachtel hinein. Ein Verabschiedungsritual, das auch heute keiner der anwesenden Gäste in der Bar belächelt. Der alte Mann bewegt sich mit tiefenwirksamer Würde und lächelt dabei wie um eine nicht unerhebliche Anzahl von Jahren verjüngt. Ein Schuljunge, der jetzt nach Hause geht, um auf dem Dachboden heimlich eine selbst hergestellte Zigarette zu rauchen. Ein Festtag, wie jeden Tag.

Franca öffnet die Tür und klopft ihm verbunden auf die Schulter. Die Treppen von der Bar auf den Piazza hinunter läßt er sich nicht helfen. Nicht von Franca, nicht von mir. Von keinem. Er braucht lange dafür, aber solange er das noch allein schafft, wird ihm der Friedhof nicht zu nahe treten wollen.

IN DER GROTTE DES WINDES

Das eine oder das andere Mal habe ich das bereits schon erwähnt, es scheint wirklich etwas dran zu sein – die gründlichste Grundsubstanz der Insel ist der Wind, etwas, was man immer abfängt, aber nie festhalten kann. Wind auf Sardinien ist eine äußerst flexible Angelegenheit, die nicht nur zu Ostern unendlich viele Überraschungseier in sich birgt. Selbst die hartgesottensten, einheimischsten Wettervorhersagekünstler haben oft mit der eigenen Ungläubigkeit den vollsten Vollkontakt, so eine Art meteorologische Maulsperre, wenn sich dann doch plötzlich wieder die Wacholderbüsche auf das Felsgestein drücken müssen, dort, wo eine ruhige Luftmassenbewegung prognostiziert worden ist. Um dies noch ein klein wenig bildhafter darzustellen: Wenn du am Strand in aller Ruhe ein Buch liest und plötzlich ein Sandkorn zuerst den Einband, dann sofort danach S. 1 bis S. 57 auf einen Schlag durchlöchert, dann bist du unwiderruflich mit dem Wind auf Sardinien in Berührung gekommen.

Ursprünglich wollte ich heute Fahrrad fahren. So richtig die Oberschenkelmuskulatur ohne Unterschenkelfraktur knacken lassen. Von den zurückgelegten Kilometern her gesehen sind daraus gerade einmal ein paar Strampelschrittchen geworden. „Vom Winde verweht“ hat mir schon als Kind den tiefgreifendsten Respekt eingeflößt, und das lag nicht unbedingt an Clark Gable oder Vivian Leigh oder gar an beiden zusammen. Wenn man in der gründlichsten Grundsubstanz der Insel ein paar Strampelschrittchen Fahrrad fährt, dann bildet sich vor allem auf Brücken diese dimensionale Furcht aus, über nicht vorhandene Geländer geweht zu werden. Oder man fürchtet sich davor, in allzu großer Windeseile nach Osten gedriftet zu werden, obwohl man heute lieber westlicher geblieben wäre, weil man sich ganz einfach – eine nüchterne Landkarte kann das sofort anschaulich darstellen – schon auf einer der östlichsten Umrandungen der Insel befindet. Auf einer dieser geländerlosen Brücken rauche ich vom Gegenwind umgeben eine Zigarette. Auch dies ist ein hochkonzentrierter Willensakt, selbst wenn die Kippe schon nach zwei Minuten und zwei Mal daran ziehen einfach zwischen den Pinzettenfingern verglüht.

Als ich wieder in den Sattel steige und mit einer pferdemäßigen Bodenhaftung antrabe, entspannt der Wind für ein paar Momente seine dicken Backen. Ja, ich fahre richtig Fahrrad, sogar die Landschaft schießt ein bißchen an mir vorbei. Der sich entspannt habende Wind bekommt postwendend einen asthmatischen Hustenanfall und überströmt mich mit einem hartgehämmerten Schlag in die Magengrube, der mir sogar die Spinnweben aus den verstopften Körperwindungen donnert. Hier geht es also nicht weiter. Ich drehe mein Fahrrad um hundertachtzig Grad, jetzt habe ich den Wind im Rückenmark. Ich schieße los. Nach Osten, auf das offene Meer zu. Über den Rückweg kann ich mir noch später Gedanken machen.

Vielleicht ist heute wieder alles flexibel, und der Wind auf Sardinien wirft sein Überraschungsei von einem Moment auf den anderen in die entgegengesetzte Richtung.

Auch auf sardischer Erde habe ich Geburtstag. Auch in meinem immer noch fortschreitend fortgeschrittenen Alter bin ich ein durch und durch, fast schon ausgefleischter Fan von Schimanski geblieben. In Deutschland ist Schimanski längst out. Da ich eher von regressiver, antiker Natur bin, liebe ich ihn noch immer, den Dosenbierkommissar mit der Schmuddeljacke aus dem Rotlichtbezirk, zwischen Ruhrpottalleen in jeder x-beliebigen Nacht. Den Schimanski, der in der neunzigminütigen Umzingelung eines einzigen Tatortes in einer öffentlich-rechtlichen Fernsehanstalt bestimmt vierzig Mal „Scheiße" sagen darf. Also mir hat das immer verdammt scheißegut getan. Anläßlich, daß der Herr Schimanski ja auch ein Haus auf Sardinien hat, träumt es mir schon seit Jahren davon, ihm plötzlich in der nächsten Dorfgasse gegenüberzustehen und daraufhin sofort ein Bier mit ihm trinken zu gehen. Ohne Dose, ohne Zabou, ohne Kuscheltiere, ohne das Mädchen auf der Treppe, ohne Duisburg und ohne zweierlei Blut. Nur Thanner hätte jederzeit dabei sein dürfen, aber Thanner ist leider tot.

Auch auf sardischer Erde habe ich Geburtstag und laufe in Orosei über einen kleinen Piazza, mitten in ein ganz mildes, weiches Nachmittagslicht hinein. Tief im Westen, dort wo die Sonne pulverig wird, ballen sich die noch glühenden Bruchstücke des Tages. Auf Sardinien kann man es direkt am Himmel ablesen, daß noch Siesta ist, darunter natürlich auch. Kein Einheimischer auf der Straße, niemanden, den ich kenne, nur zwei Polenrussen, die russisch-polnische Ware auf dem marmorierten Asphalt verkaufen. Altes, verrostetes Werkzeug, Spitzendecken, polierte Schachspiele, stark gebrauchte Taschenlampen, aufgewühlte Kleiderberge, antike Ferngläser und zerkratzte Spiele für Gameboys.

Und nicht einmal eine handliche Anzahl von Touristen, Touristen, die abwartend davorstehen. Ich erkenne ihn sofort. Den Horst. Den Schimanski. Den Götz. Den George. Den Totmacher. Er erkennt sofort, daß ich ihn sofort erkenne und flüchtet auf dem Absatz. Nebenbei bemerkt – eine tolle Leistung in Turnschuhen.

Verständlich. Da begibt er sich fast ans Ende der Welt, nach Orosei, ein Provinznest, in dem man Sylvester Stallone, van Damme, Fidel Castro und Madonna nebst Madonnen kennt. Und dann das. Auch dort. Deutsche Touristen, die ihn sofort erkennen. Das darf doch wohl nicht wahr sein.

An einem geburtstagslosen Tag hätte ich das mir Verständliche einfach so akzeptiert. An meinem Jahrestag der fortschreitenden Alterung disponiere ich jedoch rasch um und nehme die Verfolgung auf. Das ist für Hauptkommissar Schimanski auch nichts Ungewohntes, wie oft ist er bis über jede Erschöpfung hinaus durch die Tatörtlichkeiten gejagt worden. Wir treffen im Innenhof der Kirche von St. Antonio, dort, wo es am 16. Januar immer so schön brennt, aufeinander. Schimanski findet ihn schön, den Innenhof. Das hat wenigstens noch Hand und Fuß, während ich nur konfuses, dummes Zeug plaudere, ihn einfach duze und ihm hinzukommend nicht einmal erklären kann, wie sich so ein unverschämtes „Du“ zwangsläufig einschleicht, wenn man sich so lange unreflektiert mit einem Helden identifiziert hat. Ganz ehrlich, man kommt in dieser aussichtslosen Identifiziererei nicht mehr auf die nächstliegende Möglichkeit eines höflichen und angebrachten „Sie's“. Erst recht nicht, wenn der Held immer auf der Straße, immer im Milieu, immer auch auf der Flucht vor sich selbst gelebt hat.

Im Innenhof von St. Antonio flirrt das milde Nachmittagslicht in Stehblues-Spiralen auf den Steinboden hinunter. Schimanski hat die Sonne im Rücken, ein Glückspilz. Und dann grinst er auch noch so lausbubenhaft, wie im richtigen Film. Als ich ihm zwanghaft erzähle, wie oft ich jeden „Schimanski“ angeschaut habe, grinst er noch breiter, so breit, daß seine Lachfalten in den Augenwinkeln sogar noch über die Ränder seiner übergesichtsgroßen Sonnenbrille hinaustransportiert werden, und meint knalltrocken mauernd: „Dein Problem.“ Knalltrocken mauernd paßt hervorragend zum Ambiente, zum Innenhof von St. Antonio, und ist gleichzeitig der Schlußgong in unserer gewollt-ungewollten Begegnung. Natürlich hat er mich dadurch gründlich entwaffnet. Hätte ich noch ein kleines Pistölchen im Ärmel gehabt, würde ich wahrscheinlich nicht vergessen haben, ganz spontan zu erwidern – es schießt mir erst in den Kopf, als Schimanskis nach links fallender Schatten bereits aus dem Innenhof verschwunden ist: „Ein sehr schönes Problem, das ich da habe, Herr Schimanski, ein wirklich sehr schönes Problem. Sollte ich wieder einmal nach Deutschland kommen, werde ich dieses Problem konsequent weiterwälzen. Ich habe alle ‚Schimanskis' auf Video und verzichte freiwillig auf jegliche Problembewältigungsstrategien. Dieses Problem soll mir einfach ein grundlegendes Problem bleiben."

In den karstigen Bergschluchten der Barbagia. Die Barbagia ist die gebirgige Mitte der Insel. Unwegsam. Dünn besiedelt. Wenig erschlossen. Mit offenen Armen, die erst hinter dem Rücken anfangen. Das sardische Epizentrum einer Vergangenheit, die noch nicht vergangen ist. Der lateinische Begriff „Barbagia" stammt aus der Zeit des Heiligen Römischen Reiches und bedeutet soviel oder sowenig wie „Barbaren". Natürlich liegt hier ein Irrtum vor. Nur Barbaren, nur Herrenmenschen kommen auf solche Schweinereien. Und: Auch im Verlauf von Tausenden von Jahren hat sich das römische Volk nicht in jeder Beziehung als sehr lernfähig erwiesen. Auch heute noch entsendet die römische Zentralregierung Hundertschaften von Polizisten in die Barbagia, um die Gebirgszüge, Schluchten und Tausende von unentdeckten Höhlen zu durchkämmen. Nach Flüchtenden und Banditen, nach Entführern und Entführten, nach Tätern und Opfern. Und auch heute noch – das ist auch einer der Teile der Vergangenheit, die noch nicht vergangen sind – werden sie nicht fündig. Das Gelände birgt, wer sich verbergen will. Die Menschen in den Bergen kennen die Unterschlüpfe und schweigen, damals und heute. Omertà. Eine Mauer des Schweigens. Und manchmal noch Vendetta. Blutrache. Blutrache, die auf Sardinien eine rein innerfamiliäre Angelegenheit ist.

In den karstigen Bergschluchten der Barbagia schaue ich mich wacher um, obwohl ich keine Angst habe. Der Himmel hangelt sich an der Baumgrenze entlang, ein hart aufgehängtes Stoßdämpfergeflecht in Stahlgrau, das in derselben Nuancierung nicht mehr allzuweit von hier entfernt übergangslos unsichtbar in das Meer fallen wird. Knapp über der Baumgrenze nur noch schwarz aufgerauhte Wacholdergerippe und mattblau blühende Rosmarinfächer. Direkt vor mir auf dem Steinpfad das Skelett eines ausgebrannten VW-Golf, umsäumt von einer bunten Schar großkalibriger Patronenhülsen. Ganz spontan fällt mir da keine Wildschweinjagd ein. Eher brennt die Phantasie mit mir durch. Automatisch verlangsame ich in der Bewegung. Wahrscheinlich ein Überfall. Der Geruch von Ziegenkot und deftig gewürzten Kräutern. Wie gleichzeitig ferngesteuert und magnetisch angezogen pirsche ich auf die Brandruine zu, schon darauf achtend, daß keine dürren Ästchen oder Steinabsplitterungen unter meinen Schritten knacken. Mein Atem steht still, zwei Schritte noch – hörbar erleichtert rührt sich mein Atem. Keine zuerst durchsiebten, dann verbrannten Leichen auf den Vordersitzen des Autowracks, eine Rücksitzbank ist zum Glück gar nicht vorhanden.

Die bleitönerne Erahnung des Horizontes gewinnt mit dem auffrischenden Wind an Kontur. Durch auf- und zugezogene Löcher in der Himmelsplane fallen Sonnenstrahlen in mein Aufatmen hinein. Geschwitzt habe ich schon viele Augenblicke davor. Und wie. Plötzlich hat die Barbagia auch wieder einen Ton. Im dürren Unterholz rascheln Wachteln, eine Schlange kringelt in seitlichen Wellenbewegungen darauf zu. Habe ich vorher schon richtig geschwitzt, dann schwitze ich jetzt noch mehr. Mehr Salz als Wasser, weil ich nichts zu trinken bei mir habe und schon ganz schön vertrocknet bin. Die Unwegsamkeit des Steinpfades macht den darinliegenden Anstieg noch steiler. Seit Stunden bin ich keinem Menschen begegnet. Mir drahtet sich der Puls um alle zur Verfügung stehenden Blutnägel. In meinem Mundraum kleistert sich ein aufgeblasenes Vakuum fest. Dort, wo es zur Kehle hinuntergeht, brennt es so wohlschmeckend wie nach einem Großbrand in einer Gummifabrik.

Knapp unter dem anvisierten Berggipfel beschließe ich feierlich, nie mehr ohne Wasser in die sardische Natur zu gehen. Und sei es auch noch so spontan. Und sei es auch noch so vorsätzlich für höchstens zwei, drei Schritte.

DER AUFSTAND DER WÜRDE

Anneliese, die rheinische Frohnatur aus den Niederlanden, ist heute noch die Frau des sardischen Olivenhändlers, der Mitte der fünfziger Jahre mit den ersten italienischen Gastarbeitern nach Deutschland auswanderte. Dann über zwanzig Jahre am Volkswagen-Fließband in Wolfsburg. 1978, bereits fast zehn Jahre mit ihm verheiratet, wanderten Anneliese und er nach Sardinien aus, beziehungsweise zurück. Für ihren Mann war es die Heimkehr, bei der er die qualitätsbetonten Akkordschrauben gegen heimische Olivenpflänzchen eintauschte.

1970 kam Anneliese zum ersten Mal auf die Insel. In Holland rebellierte man gerade um die Protesthöhepunkte herum, die Beatles trennten sich bereits schon wieder. Auf Sardinien rieben sich die Traditionen noch an anderen Jahrzehnten im Versuch einer Rundung wund. Unten, an der Küstenlinie, wurden Esel- und Ochsenkarren durch die staubigen Dorfstraßen getrieben. Oben, in den Bergen, wurden die ersten reichen Touristen und Bodenspekulanten, vornehmlich Engländer, entführt. Zur Unterstützung der Nachhaltigkeit der Lösegeldforderungen schnitt man die ersten Ohren ab. Diese wurden per Einschreiben an Ehefrauen oder an das staatliche Fernsehen verschickt, und Anneliese kam aus der rebellierenden, holländischen Generation im Minirock und in einem ärmellosen Top mit nichts mehr darunter auf die Schotterpisten von Sardinien. Hochhackig beschuht balancierte sie über die Hauptstraße des Dorfes, ein ausgetretener Trampelpfad, asphaltiert mit den natürlichen Ausscheidungen der transportierenden Tierwelt. Wenn es geregnet hatte, konnte ihr schon einmal der politisch links orientierte Absatz geradezu haltlos rechter Hand wegrutschen. Anneliese hatte sich gewissenhaft auf diese Insel vorbereitet, viel mit ihrem sardischen

Mann gesprochen, über Traditionen, über geschriebene und vor allem ungeschriebene Gesetze. Und sie hatte intensiv Italienisch gelernt, obwohl sie es schon fließend sprach. Überall, wo die Sarden untereinander sprachen – und wo war das nicht – verstand sie kein Wort.

Junge, einhcimische Frauen in ihrem Alter, irgendwo draußen – das gab es nicht, es sei denn sie hängten die Wäsche unter das Schilfrohrdach der Veranda oder putzten die Fliesen aus Terracotta vor der Haustür. Sich nicht in der Hausarbeit befindende, junge Frauen hatten vor der Haustür definitiv nichts verloren. Natürlich hatten Frauen auf Sardinien auch schon vor dreißig Jahren geraucht. Aber sich mitten auf der Straße, in dieser streng beobachteten Öffentlichkeit, als Frau eine Zigarette anzustecken – das hatte noch mit Familienschande und dem zwangsläufigen Leumund einer Prostituierten zu tun.

Natürlich hatte sich Anneliese, als sie 1970 zum ersten Mal nach Sardinien kam, eine Zigarette mitten auf der Straße angesteckt. Sie kam doch gerade aus einem Land, in dem sich ein Teil der jungen Generation genau da dagegen auflehnte, gegen das zentnerschwere, leblose Bleigewicht eines verstaubten Traditionskanaldeckels. Im Wissen um den sardischen Traditionskanaldeckel, Anneliese hatte oft mit ihrem Mann und er natürlich noch gewissenhafter mit ihr darüber diskutiert, steckte sie also dann trotzdem die Kippe mitten auf der Straße an. Lässig, herausfordernd, kühn, fast provozierend ignorant. Wie eine pionierhafte, waghalsige Nordpolentdeckerin, die noch viel Eis vor sich hatte. Anneliese, eine Shakleton-Adjutantin der rheinisch-unerschrockenen Sorte. Gegen den ausdrücklichen Willen ihres Mannes badete Anneliese natürlich auch im Evaskostüm, fand man doch auf den sommerlichen, holländischen Fluß- und Seewiesen zu dieser Zeit nur wenige Körper, denen Verhüllung anhaftete. Mancher vorbeischlendernde Adam, dessen Schritte am sardischen Meer entlang nicht immer vom Zufall gelenkt waren, mußte sich eine Ritterrüstung um die Unterleibshöhe schnallen, um bestimmte Ausbuchtungen zu vertuschen.

Anneliese und der sardische Olivenhändler, so bewundernswert, daß sie heute immer noch glücklich zusammen sind. Waghalsig, ganz bestimmt ohne Sicherheitsnetz, tanzte Anneliese auf dem Hochseil der sardischen Männergesellschaft. Und sie hat sich durchgesetzt. Eine Meisterleistung, die keine Frage der international-national, regionalen Dialektfähigkeit mehr ist, sondern ein Ausrufezeichen der individuellen Persönlichkeit. Natürlich neben diesem unnachahmlich rheinischen Frohnatureffekt. Ich weiß nicht, ob das einer etwa schwäbischen, eher Unfrohnatur auch so gelungen wäre.

Heute sind Annelieses Kinder in dem Alter, in dem ihre Mutter zum ersten Mal nach Sardinien kam. Die Zeiten haben sich geändert, die Kinder haben mit anderen Dingen zu kämpfen. Aber auch die Sarden kämpfen mit anderen Dingen. Bleibt mir die aufrichtige Bewunderung auch für Annelieses Kinder, die perfekt sardisch sprechen.

Fast Nacht für Nacht starre ich in die lavagefächerte Kaminfeuerglut.

Dort, wo am Anfang ein sorgsam geschichteter, spitz nach oben zulaufender Holzstapel aus Eukalyptus und Meerkirsche stand, dort, wo darunter nur die dürren Pinienäste zum explosionsartigen Anfeuern lagen. Dort, wo ein hundertäugiges Feuergesicht mit nur einer Stirn die letzten Stunden verbrannte.

Durch die Kaminumrandung auf dem Dach dringen die letzten Regentropfen ein. Schwer stürzend verdampfen sie zischend in der Glut.

Mit einem Ruck schiebt der Nachthimmel die heftige Schauerkulisse zur Seite. Wie ein leidenschaftlich entfesselter Tangotänzer wirbelt der Vollmond die letzten Wolkenfetzen davon. Plötzlich ist alles klar. Die Fensterflügel sind weit offen. Stürmischer Südwestwind, der prall nach Frühling riecht, reißt ungeduldig und schlecht erzogen an meiner ledergefeuerten Gesichtshaut. Für heute lasse ich die gerunzelten Zweifelschäden in den Augenbrauen stecken. Sich im Land befindend, habe ich Sehnsucht nach eben diesem Land. Grellweiße Wolkenrahmen rücken ohne Rücksicht auf die landesübliche Zuwanderungsquote vor. Der Mond stellt sie in der Galerie der Gespensterstunden aus. Das Schwarzblau der Nacht hilft mit kontrastreichen Passepartouts aus. Ich habe keinen Eintritt bezahlt. Als Gegenleistung helfe ich mit Todesahnungen aus. Natürlich werde ich sterben. Aber ich will nicht davor schon enden. Das ist wie ein geballtes Herz in Faustform. Im Schaufenster wären es Augen, die schlecht atmen. Die Lavafächer der Glut pulsieren mattschimmernd nach. Abgedunkelt im Dunkeln sitzenzubleiben – ein echtes Wintergefühl im Vorfrühling der Sommerzeit. Und die Nachtecken werden den nächsten Tag abrunden.

Das Eisengitter ist circa zwei auf drei Meter groß und soll die neue Rankheimat für Oleanderbüsche und Geranien im Außenbereich eines Ristorante Tipico, eines Restaurants mit sardischer Spezialitätenküche, werden. Wir sind noch in der Schlosserei. Wir sind zu zweit und sind bereit. Wir regeln die Überführung. Wie Amateurgewichtheber oder Steinstoßer aus der Regionalliga gehen wir knackend in die Knie. Wir hieven das Eisengitter mit unseren vier Armen, dort, wo wir uns sechs wünschen würden, keuchend auf den verrosteten Dachträger des überall klappernden Renault 4. Etwas sehr merklich geht dieses Relikt aus den siebziger Jahren auch sofort tief in die Knie, just in dem Moment, als wir tief aus unseren Knien herauskommen. Wie auch immer, das Gitter ist oben, Sebastiano zwinkert mir siegessicher zu.

Gut, man müßte es jetzt noch effektiv befestigen, wenn man es schon durch das halbe Dorf mit all seinen wirklich auch sehr schmalen Gäßchen transportieren will. Das Ganze ist natürlich nicht vorbereitet. Man entschied sich im letzten Moment, genau jetzt das Eisengitter ganz spontan zu holen. Im Kofferraum liegen gerade einmal drei verrostete Drähtchen. Mit denen wird dann das Eisengitter ganz selbstverständlich mit dem verrosteten Dachträger verbunden. So eher der Optik und des Gewissens wegen, als tatsächlich den Anspruch zu haben, einen stabilen Halt, eine Absicherung geben zu wollen. Mit dieser ausgeklügelten Konstruktionskomposition fahren wir auch sofort los. So halb bis dreiviertel in den Knien schnauft der Renault wie ein Walroß. Auf jeder Geraden gleiten wir nichtsdestotrotz auch im engsten Gassengewirr schnurlinear dahin. Nur in Kurven schlottern dem Renault die Meniskusscheiben durch. Ich höre es schon immer krachen, schnarren, bröckeln, knirschen und scheppernd fallen, aber merkwürdigerweise ecken wir nicht ein einziges Mal an. Triumphierend, wie professionelle Hammerwerfer, hieven wir das Eisengitter auf den Vorplatz des Ristorante Tipico, La Taverna. Sofort streckt der Renault 4 wieder knarrend seine komprimierten Kniegelenke aus. Was für ein sensibles Auto, und Sebastiano, mein sardischer Partner bei dieser auch internationalen Kür, ist für mich ein Held. Nicht einen Meter wäre ich so gefahren.

Immer wieder bin ich jauchzend fasziniert von dieser hohen Improvisationskunst der Sarden, diese vollkommene Sicherheit, ungesichert zu sein und genau auf diese Art und Weise ein Vorhaben mit keinerlei bekannten, dafür mit um so mehr unbekannten Hilfsmitteln und aller darin schlummernden Kreativität erfolgreich zu Ende zu bringen.

Viele dieser grob fahrlässigen Improvisationskreationen habe ich selbst miterlebt und mitgemacht. Noch nie ist dabei etwas passiert. So als ob die Insel einen Sonderschutzengel mit täglich garantierten Überstundenpauschalen im Himmel hätte, in diesem Himmel, der dann nicht allzu weit entfernt sein kann.

Hinter Nuoro weiter Richtung Westen fahrend, aus den auslaufenden Bergrücken herausschießend – plötzlich eine riesige Topfebene, weiter als das ebene Auge reicht, eingehüllt in dampfende Schwarzwolkenfronten, aus denen grelle Strahlen durch dunkle Wolkenlöcher fallen. Hellgelb gefächerte Lichtbündel aus den Augen Gottes, der sicherlich nicht, wir sehen das ja nun, nur über dieses eine Paar verfügt. Vielleicht ist dieser Irrtum dafür verantwortlich, daß wir Menschen so dual geworden sind, dort wo wir hätten zigfach werden können.

Sardinien. Und dann fallen diese Strahlenfächer hinunter auf den dampfenden Boden, Irland oder ein Irrland, welches in diesem Moment auf dem Äquator entsteht. Blendende Sattgrüntöne entflammen wie Nitroglyzerin und werden in einen Kokon aus tropischem Luftfeuchtigkeitsniederschlag eingewoben. Schwefelgelbe Nässeschleier tanzen schlierend darüber hinweg.

Sardinien. Überirdisch schmerzende Magie der kosmischen Schönheit.

Sardinien. Tränen mit Grund.

Umherziehende Schafherden werden von dem durch Menschenhand errichteten Schachbrettmuster aus Tausenden von Steinmauern dirigiert. Steinmauern, die aus den Überresten zusammengefallener Nuraghen aufgeschichtet worden sind. Jahrtausendalte Steinmauern aus Einzelstücken zusammengefallener Wehr- und Wohnanlagen der Ureinwohner von Sardinien. Stumme Zeitzeugen einer blutigen Geschichte von Aufständen und Unterdrückung von Aufständen. Von Ewigkeit an mattschimmernd in klaffend ausgehöhlten Lichtschleiersonnen. Von urplötzlich auftauchenden Nebelbänken sofort wieder verschluckt. Weit aufgerissene Eroberungsmäuler haben in diese Steinmauern ihre Abbilder hineingebissen, und der ewig brüllende Wind schmirgelt ihnen langsam die Zähne aus dem manchmal noch blutenden Rachenraum.

Ich halte an. Ich schaue mir das genau an.

Ist dieses äquatoriale Irland, dieses wie gerade aus einem Vulkan entstehende Irrland, das bildliche Hochglanzportrait der sardischen Uridentität? Sind die abgeschiedenen Bergdörfer im Zentrum von Sardinien, in denen die fast ausschließlich nur angehaltene Luft zum Atmen auch noch von der Enge der Landschaft und der darin wohnenden Traditionen absorbiert wird, die letztmöglichen Geburtskanäle in ein neues Jahrtausend? Sind klappernde Computertasten und sich grauenhaft abschlachtende 3-D-Animationen dagegen nicht die betäubend vorsätzlichen Zeitvertreibsohnmachten eines anderen Planetensystemes, welches erst in ein paar Millionen Jahren eine Rolle auf der Insel spielen dürfte?

No lo so. Ich weiß es nicht.

Ich weiß nur, daß es mir mit diesen nicht mehr richtig durchgeatmeten Luftmolekülen doppelt eng wird, wenn ich in das Blickfeld der Bergdorfbewohner falle. Wenn sie mich Fremden durchdringend mustern. Mit Rigidität und mit Abschätzung. Mit unverhohlener Neugier und mit stummen Prüfungsfragen. Und mit selbstverständlicher Gastfreundschaft in den unvertuschten Sichtkreuzwegen eines wie angeborenen Mißtrauens. Furat chie venit dae su mare. Wer über das Meer kommt, will uns bestehlen.

Diese rote Ampel leuchtet in den pechschwarzen Augen der Einheimischen. Vielleicht leuchtet sie heute auch nur noch dunkelorange, weil die reale Bedrohungswahrheit nicht mehr so offensichtlich, nicht mehr so unmittelbar lebensbedrohlich ist.

Nur: Kapitalistischer Importtourismus und subtil schleichender Landfluchtexport sind in der Endabrechnung ebenbürtig grausam.

Es scheint, als ob den Sarden diese immerhin noch dunkelorange leuchtende Ampel bei ihrer Geburt sorgfältig mit in die Wiege gelegt wird. Eine Weitervererbung von Genen, die von Fremden immer nur ausgebeutet, okkupiert, angegriffen, enthauptet, unterworfen, entblättert und gefällt, jedoch nie entwurzelt worden ist.

In den Bergdörfern von Sardinien sind die Schatten des Abends noch länger als unten an der Küste, und die Lichtstrahlen in den Backofennachmittagen stolpern operativ verkürzt über die nackten Steinabhänge.

In den Bergdörfern von Sardinien ist das hitzelastige Schweigen stummer und dadurch stöhnender und dadurch viel, viel ehrlicher, als das jetsetige, bildungsüberzüchtete Stimmensurfen in so manchen Küstenregionen.

In den Bergdörfern von Sardinien ist es ein halbes Jahrhundert früher, statt ein ganzes Jahrtausend später.

Auch als Milleniumsausländer finde ich es durch und durch berechtigt und vor allem vollkommen richtig, weiterhin mißtrauisch zu bleiben.

Von da drüben, von wo aus man über das Meer kommt, kommt weiterhin nichts Gutes. Und plötzlich – ich spreche jetzt von den letzten zwanzig, dreißig Jahren – kommt auch von da unten, von den eintausendachthundert Kilometern Küstenlinie kaum mehr etwas Gutes. Da wird zwar bewundernswert landschonend gebaut, aber genau in dem Punkt, auf den es ankommt, eben nicht: In der inneren Architektur der sardischen Seele wird überhaupt nicht landschonend gebaut. Da wird, wie in den siebziger Jahren an den Mittelmeerküsten von Spanien, etwas rigoros grauenhaft mit häßlichen Hochhäusern zubetoniert, was wie eine zarte Pflanze auf nicht allzu nährstoffreichem Boden langsam wachsen und gedeihen will.

Von da drüben, und jetzt auch noch von da unten, kommt fast nur noch das schmutzige Geld, die schonungslos vernichtende Ignoranz und die kolonialistisch ausgehungerte Arroganz.

Der warme Nachmittagshimmel läßt sich unbeweglich in tiefe Blautöne treiben. Das Meer spricht seine eigene Sprache. Ich liege nur dort. Die Dünung tobt noch aus dem gestrigen Sturm heraus, holt sich stetig andonnernd und zurückrollend ihr Land zurück. Ich schweige lauthals mit, auch mit diesen grellblauen Samtteppichen in meinen noch holprig verschlafenen Augen. Ich liege nur dort, ein schwarzer Eckpunkt ohne Angel, wenn ich mich ganz aus der Ferne betrachte.

Zwischen einer Welt in zwei Welten treibe ich ab und werde vielleicht nie wieder angeschwemmt. In alte Zeit rasend, in neue Zeit schnellend.

Zwischen einer Welt in zwei Welten, der natürliche Rhythmus von Leben und Tod, welcher um so natürlicher wäre, je mehr die Geschwindigkeit des Zeitfortschrittes ein Stillstand sein würde. Wenn man als Lebendiger wirklich vom Leben *und* vom Tod ausgeht, d. h., wenn man lebt und den Tod dabei nicht öffentlich unter den Tisch kehrt oder heimlich unter dem Tisch zusammenkehrt, dann ist dieses paritätisch zusammengesetzte Aktivistenensemble der einzig mögliche Fortschritt. Aber eben nur in dem Leben, das den Tod nicht tabuisiert.

Hinter Siniscola dämmert ein flammendes Morgencrescendo. Von dort aus fahre ich nach Norden. Im Westen, links von der kurvenreichen Straße, der untergehende Vollmond zwischen tiefschwarzen Wolkenspalten in formvollendeter Goldeinfassung. Im Osten, rechts von der kurvenreichen Straße Richtung Meer, eine knospende Rötung, die tief aus dem schwangeren Bauch der Erde kommt und sanft nach oben gegen ihre Mutterwölbung drückt. Sanft genug, daß deren Spannkraft nicht reißt.

Nachts weint die Sonne, weil sie auf die andere Seite der Erdhalbkugel, utopisch weit weg von Sardinien, wie ein Stück Vieh getrieben wurde. Ihre Tränen werden mit der Nabelschnur der Welt ausgebrannt.

Den Mond schmerzt das auch. Nacht für Nacht stellt er sich stellvertretend auf die Schaubühne des sardischen Firmamentes, einmal ganz, einmal halb und manchmal, wenn er selber weinen muß, überhaupt nicht.

In meinem sanft geröteten Morgendämmerungsblickfeld steigt der Horizont stark an. Meine Seele streift sich Bergschuhe über, Streulicht mit Widerhaken krallt sich in meinem weit aufgerissenen Augenfleisch fest.

Ich lächle. Ich entstehe.

Hier ist das Gegenzentrum der Gnadenlosigkeit.

BROT UND SPIELE – URIN UND STUMMFILMEPISODEN

Orosei. Sonntagabend um 20 Uhr 30. Macumba Bar.

Juventus Turin spielt gleich gegen Roma. Der Tabellenführer gegen seinen direkten Verfolger, der ihm seit ein paar Spieltagen immer härter im Nacken sitzt. Bestimmt siebzig Männer sitzen um Tische und in extra aufgestellten Stuhlreihen. Der Rest zu Hundert steht gegen den jetzt schon dicken Zigarettenqualm gelehnt. Im Nebenraum der Bar steht ein zweiter Fernseher. Um ihn versammeln sich die Männer, die nicht extra eine halbe Stunde früher gekommen sind. Macumba Bar am Sonntagabend. Ein Männerkino. Zwei Spielzeiten ohne Halbzeitpause, leidenschaftlich geschwitztes Männerfieber. Eine wöchentliche Krankheit.

Die sauerstoffarme Luft vibriert über den sich auf dem Boden versammelnden Schweißtropfen. Die Spannung vor dem Anpfiff strafft sich die Wände hoch, deren rechte Winkel dadurch stumpf zu werden scheinen. Juventus Turin geht schon nach zwölf Minuten in Führung. Die Macumba Bar explodiert. Ohnehin lieben sie Zinedine Zidane. Er kommt von der Straße. Er ist solidarisch mit dem Volk. Er ist ein Star, der sich trotzdem für die Mannschaft opfert. Und dann ist es auch noch höchstpersönlich er selbst, der jetzt den Ball artistisch verdreht im Netz der ohnehin noch nie geliebten Römer definitiv versenkt hat. Im überlaut gestellten Fernseher mit Großbildschirm explodiert der Reporter gleichzeitig mit siebzigtausend Stadionbesuchern. Unauffällig suche ich nach meinem Trommelfell. Fußball nella Germania, Fußball in Deutschland, erscheint mir im Vergleich dazu wie Schlaffußball. Das deutsche Publikum wie eine Schattenkulisse. So eine Euphorie, wie jetzt in der Macumba Bar, habe ich in Deutschland zuletzt 1974 erlebt, im WM-Endspiel gegen die Niederlande, als Gerd Müller das 2:1 für Deutschland schoß. Wohlgemerkt: Hier in der Macumba Bar, am Sonntagabend um 20 Uhr 42, geht es um einen ganz normalen Spielalltag in der Seria A, in der ersten italienischen Liga.

Ein paar Minuten später fliegt bei Juventus Turin ein Spieler vom Platz. Roma gleicht augenblicklich aus. Im Nebenraum fliegt ein Stuhl gegen die Wand. Wie Torpedos schießen Pfiffe durch den meterdick verrauchten Raum. Wieder suche ich unauffällig nach meinem Trommelfell. Wenn ich jetzt einen Filmriß bekomme, dann fresse ich einen Oscar.

Fußballspieler bei Juventus Turin verdienen im Moment so um die 10.000 DM pro Tag, auch weil Agnelli, der Chef von Fiat, die Meisterschaft, man möchte fast sagen um jeden Preis haben will. Eine Beleidigung des Proletariats. Die meisten Männer, die sich jetzt in der Macumba Bar austoben, verdienen das schwerlich in einem Jahr. Aber sie lieben Zidane. Weil er aus dem Proletariat kommt. Weil er einer von ihnen ist.

So um die 10.000 DM pro Tag, dafür legt sich Juve jetzt auch mächtig ins Zeug. Zehn Männer, die alle nicht aus Turin kommen, kämpfen wie die Löwen gegen das zahlenmäßige Ungleichgewicht. Sie laufen nicht nur die hinterlassene Lücke wett, sie erlaufen sich fast einen zwölften Mann und gehen noch vor der Halbzeitpause hochverdient in Führung. Wieder explodiert die Macumba Bar, und mir fällt auf, daß das Bier jetzt auch schon einmal neben dem Glas nachgeschenkt wird. Es fließt in perlenden Strömen direkt auf meine Hose zu.

In der Halbzeitpause wird Agnelli interviewt. Hochzufrieden und noch mehr selbstzufrieden winkt er aufmunternd mit von Juwelen erstickten Fingern in die Kameras. Neben dem Großbildschirm des Fernsehers, d. h. jetzt direkt neben dem Gesicht von Agnelli, hängt ein riesiges Portrait von Che Guevara. So lang es Geld gibt, und wann wird es das einmal nicht geben, ist kein Platz auf dieser Welt, für „el hombre nuevo", für den Neuen Menschen, der sozialistisch empfindet, denkt und handelt. Da könnten die ganzen Che Guevaras noch tausend Mal wiedergeboren werden – Agnelli hat die wirksameren Mittel in dieser Welt, die wir uns selbst genau so geschaffen haben.

In der zweiten Halbzeit wird Zidane im römischen Strafraum regelrecht umgesenst. Der Schiedsrichter gibt den Elfmeter nicht. Die Macumba Bar verwandelt sich vorübergehend in einen ganz aktuellen Kriegsschauplatz. Tische stürzen um, Gläser fliegen gegen die Wand. Jetzt schon auffällig muß ich nach meinem Trommelfell suchen, ich lerne wieder jede Menge italienischer Kraftausdrücke dazu. Der Schiedsrichter wird nach Spielende aus dem Turiner Stadion herausevakuiert werden müssen. Polizisten am Bildschirmrand hampeln jetzt schon nervös an ihren Waffengurten herum.

Das Proletariat nährt sich jetzt eine Woche lang von diesem Spiel. Auch am nächsten Samstag noch wird die unerhörte Schiedsrichterleistung sicherlich verbal auseinandergenommen werden. Fußball hält zumindest den männlichen Anteil der Bevölkerung weitgehend ruhig.

Der einzige sardische Fußballclub in der Seria A, der U.S. Cagliari, ist gegen Ende dieser Saison so gut wie abgestiegen. Viele Sarden lieben zuerst Juve, dann Cagliari. Das finde ich aus patriotischer Sicht fast schade, wo ich doch als Deutscher in Deutschland immer so inselverliebt mit Cagliari fiebere. Es wird für mich auch dadurch nicht erklärbarer, wenn ich mir den sardischen Patriotismus analytisch vor Augen führe. Wahrscheinlich ist es der Heldenbonus. Und natürlich die mitreißende Qualität des Fußballs, der in Turin gespielt wird.

Das Spiel ist aus. Juventus Turin hat hochverdient 2:1 gegen Roma gewonnen. Auf dem Spielfeld - und im Geldbeutel auch. Zinedine Zidane und Edgar Davids, „le tenaglie", die Zange, wie er liebevoll in Italien genannt wird und was seine Qualität als Verteidiger unterstreichen soll, haben großartig gespielt. Für neunzig Minuten waren wir, neunundneunzig Sarden und ich, ein Deutscher, der Alltagswelt entrückt. In der Unterwelt der Helden hat die Leber dabei auch nicht zu knapp gelitten.

Die Macumba Bar leert sich zügig, auch wenn mancher Sarde mittels zweier torkelnder Beine Umwege in Kauf nehmen muß. Die Bodenfliesen sind mit Bier verklebt und mit Scherben, Kippen und zerknüllten Zigarettenpackungen wie in einem Schmutzvakuum versiegelt.

Zinedine Zidane und Edgar Davids. Volkshelden, die das Volk eine weitere Woche lang ruhig halten werden. Ein holländischer Rastafari-Kolonialimport und ein teuer ins Land gekaufter Franzose. Nicht daß ich jetzt auch noch bis zum nächsten Spieltag, Sonntag in einer Woche, über die strittige Nichtelfmeterentscheidung diskutieren werde, aber die zwei Legionäre haben Traumfußball gespielt. Importkritik und Kapitalübermut hin oder her.

Sonntagabend in der Macumba Bar. Das hat ein Nachspiel der Blase und erfordert einen Nachtrag des Entleerens: Zum Ablassen dieser ganz fußballdramatischen Biermenge fährt Toni, mein sardischer Herzensbruder, den Fiat Uno direkt auf den Strand, ein kostenloser Open-Air-Service, den er nicht jeden Tag vor solch dünnflüssigen Männererlebnissen anbietet. Sofort befinden wir uns in einer sternklaren Neumondnacht. Der ausnahmsweise fehlende Wind bewirkt, daß sich die hohe Luftfeuchtigkeit zu einer Art Salzwatte zusammenbauscht. Wir starren gebannt nach oben auf ein Nachtlandviadukt, in dem der Neumond glücklich unter den Kleinen Bären gekrochen ist, während wir von unten herauf, in Zipfelform und erleichtert stöhnend, mitten in den Großen Wagen pissen. Das hat jetzt auch sicher nichts mit meinem Zidane-Davids-Bierkonsum zu tun, wenn ich nachhaltig davon überzeugt bin, daß hier auf Sardinien der Große Wagen locker auf drei Rädern stabil waagerecht durch den Nachthimmel fahren kann. In dem gleichmäßig druckvollen Geplätscher unserer Geschäfte versickere ich glücklich mit. In den Sanddünen einer anderen Zeit, zwischen naßgespritzten Sandkörnern einer anderen Dimension. Ein wortloses Einverstandensein. Mein sardischer Herzensbruder und ich. Wir kennen uns noch nicht so lange, wie wir uns schon spüren.

Auch für mich ist jetzt so etwas wie Halbzeit.

Zeit für eine lokalterminierte Zwischenbilanz. Zeit für eine Beseitigung der Kopflastigkeit, zugunsten eines direkten Doppelpaßspieles zwischen den beiden Herzkammern. Zeit für ein Phänomen, das merkvoll losjubelt:

Sardinien,
Insel der über jedes Lattenkreuz genagelter Farben,
Eiland der vulkanpolierten Edelsteinfrakturen,

Terra di Nessuno, Niemandsland, in der ausschließlich nur sinnlich zu erfassenden Identität.

Sardinien,

Heimaterdhügel, eingekesselt von der Fremdunendlichkeit,

Ewigkeitsstrandläufer ohne Schrittzähler, Tachometer und Stoppuhr,

Meermagnet mit zum Glück erst spärlich ausgeprägten Internetlandungsbrücken.

Sardinien,

Wrackherberge für Seelenverkäufer in Ausstiegszeiten,

Geruchsbollwerk mit eingeborenem Kontinentenspürsinn,

Faltengewitter im Blitzlicht einer hohen Sterblichkeitsrate.

Sardinien ist über den Umweg der Jahrtausende gealtert, ist in diesem Umweg nicht erwachsen geworden und konnte somit jünger bleiben als wir Kinder der Neuzeit, welche die Insel akkumuliert täglicher besuchen kommen.

Auf Sardinien liegt der Puls noch offen auf der Straße, die oft genug eine „strada bianca“, d. h. noch nicht asphaltiert ist. Ein noch offener Puls auf der Straße ist wie eine frisch gefühlte Schnittwunde, die noch nicht kreuz und quer verschachelt im Gehirnfriedhof begraben liegt.

Dann ist Wein und Wasser noch wie Brot und Kastanie.

Und Fortschritt ausschließlich nur durch pure Sehnsucht möglich.

Schattenlos liege ich am Strand. Schattenlos wie unter den ersten, zarten Frühlingsknospen eines Granatapfelbaumes. Mit meinen Hauptsommerwehen liege ich in der Vorsommersonne nackt im Sand und spüre die Wärme auch von unten, dort, wo sich der noch junge Tag rasch aufgeheizt hat. Kilometer von Sand und kein Mensch, nur Möwen und Brandung. Die Augen geschlossen, alle Sinne dahinter, im Wellenrhythmus, der nach und nach mein Herzschlag wird. Ich atme an den Strand klatschend ein und vom Strand zurückbrandend aus, ich atme dick gequirlten, süßen Blütenduft in mild strömenden Luftpassagen. Ein Horizont aus messerscharfem, blauem Glas streichelt schnittlos die geschlossenen Augen, was in keiner leeren Menge gipfelt. Salzkristalle in den Augenwimpern schmirgeln sich durch die stillgelegten Lider zu den Pupillen durch. Das Gefühl, unter der intravenösen Beatmungsmaschine der Dimensionsbündelung zu liegen. Heiße Wanderdünen, die zwischen den im Sand abgelegten Hoden hin- und herpendeln. Wie kann es dazwischen unbewegt bleiben?

Druck und Hitze pressen mich zur Dauerkonservierung. Auf Land liegend, im Sand treibend, schwimme ich auf rollenden Wellenvibrationen und höre dem Erdmittelpunkt zu. Feuermagnete schießen mir zischend in den von Schweiß durchstöberten Bauchnabel. Selbst meine Haut habe ich im Sand abgelegt. Wenn Möwen darüber hinwegfliegen, denke ich nicht an Spione. Zentnerschwer im Sand liegend, fliege ich schwerelos davon. Das Meer schäumt darüber hinweg, der Wind räumt die Reste ab.

Dann bin ich wie nie dagewesen, habe ich nie existiert.

Die Erdnaht atmet mich ein, und ich atme mich aus.

Ich bin nicht abgegeben worden, ich habe mich hingegeben.

An das Nichts, was alles ist.

Direkt vor der Küste von Orosei versenkte am Morgen des 10. Juni 1943 ein englisches U-Boot ein deutsches Frachtschiff, welches Waffen, Versorgungsnachschub und Treibstoff in Fässern nach Afrika bringen sollte. Die Nazidevise „Einmal Rommel hin und zurück“ mißlang schon im Hin. Der erste vom englischen U-Boot abgefeuerte Torpedo traf in den Bug der Elbex KT 12 und explodierte direkt im Treibstofftank des Frachters.

Unter den rasch herbeieilenden Schritten der Dorfbewohner von Orosei sank das Frachtschiff in Minutenschnelle. Wer schlecht zu Fuß war, sah nur noch die an einer Stelle heftig gurgelnde See.

Heute liegt das Wrack in einer Tiefe von 32 Metern, weich in Sand gebettet, umschwärmt von Muränen, Zackenbarschen, Petarden und Tintenfischen. Ein versunkenes Relikt, dessen Grabesruhe permanent von Sporttauchern gestört und ausgeraubt wird. Verrostete und verbeulte Souvenirs aus einer Zeit, in der die Deutschen auch Orosei besetzt hatten. An einem der Steilhänge des Dorfes, unterhalb der Kirche San Gavino, verwittert die Bunkeranlage der faschistischen Besatzer.

Ich frage die alten Männer im Dorf, höre mit viel selbstgemachtem Wein zu und finde keine unüberwindbaren Widersprüche heraus. Die Deutschen hatten in Orosei nicht allzu fanatisch faschistisch mit dieser endzulösenden Grausamkeit gewütet. In die Berge hatten sie sich ohnehin nie getraut, Cagliari war im Zweiten Weltkrieg die einzige Stadt auf Sardinien mit Bombenschäden. Hier im Dorf war es ein eher notgedrungen geduldetes Nebeneinanderherleben ohne rassenhassende Internierungsgase. Natürlich grüßte man sich nicht auf offener Feldstraße. Aber in manchen, mitternächtlichen Hinterhöfen trank man schon einmal verzweifelt leidenschaftlich, wie aus Versehen, Aquavite zusammen. Es gab keine Übergriffe auf die Bevölkerung, vor allem auch auf deren weiblichen Teil nicht. Es wurde nicht gedemütigt und gehaßt, keine Propagandamaschinerien, keine standrechtlichen Erschießungen, keine Repressionen, keine Machthaberarroganz. Dennoch traf sich mehrmals die Woche heimlich ein Zirkel von fünfzig, sechzig waffenfähigen, widerständigen Oroseianern, die möglichst bald tätig werden wollten. Bevor dieser Fall eintreten konnte, rückten die Deutschen aus Orosei ab.

Die Deutschen haben auf der Insel nicht die Geschichte, die sie an anderen Orten in Europa und in der Welt haben. Vielleicht werden sie auch deshalb hier und heute fast uneingeschränkt freundlich aufgenommen. Sollte dies nicht der Fall sein, dann liegt es eher am allzu deutlich gezeigten Geldwinkefinger, an der persönlichen Ignoranz, am Endlosjammern darüber, daß hier nicht alles so pfeilschnell korrekt seinen Gang geht, oder es liegt an sonst irgendeinem individuellen Getue und Gehabe. Es liegt jedenfalls nicht an der Weltgeschichte zwischen 1939 und 1945.

Schon nach der Morgendämmerung sticht die noch entfernt grollende Gewitterfront, heißgebauscht durch die rasch steigende Sonne, wie aus einem äquatorialen Zenit herab. Die dickwandige Luft verdampft ohne Zirkulationsambitionen. Gerade erwacht, schwitze ich schon Schwindelspiralen, ein Direktanschluß an das wild durchträumte Nachtdelirium. Traumfetzen im abgestandenen Mundhöhlenraum, über die sich ein nicht gerinnen wollender Schweißperlenstrom ausbreitet. Fixpunktlos schwankt der horizontlose Blick in ein bleiernes Nichts.

Wind kommt auf. Innerhalb von ein paar Minuten stürmt es heftig. Dumpf knarrend grollt Donner über die Altstadtdächer des Dorfes hinweg, aber die Morgensonne bleibt gut gelaunt und vor allem stur im drängelnden Weg der schwarzen Wolkenfronten stehen. Ein paar Regentropfen fallen.

Goldene Splitter, aus denen ansatzlos immer wieder neue Sonnenstrahlen herabstürzen, saugende Würmer, die sich ausgehungert über das schwach befeuchtete Land stülpen. Auf dem dürren Boden nur kränkelnde Rinnsale, die nicht einmal ein Tropfen auf dem heißen Stein sind. In der Jahreszeit, in der es viel regnen sollte, ist in den letzten sechs Wochen nichts naß geworden. Jetzt, vor der langen, wasserlosen Sommerperiode mit Hitzedauerbetrieb, springt schon die Erde. Dort, wo Schafe jetzt im sattgrünen Üppigkeitsparadies weiden müßten, sind die Grashalme in sterbensmüden Brauntönen verdorrt. Bitterer Wassermangel, der die Hirten noch vor dem Sommer dazu zwingt, ihre Herden zu verkaufen. Vor den sardischen Horizonten zeichnen sich immer häufiger wüstenhafte Steppenverwucherungen ab, vor allem in den Bergen. Orosei hat den Fluß, den Cedrino, und wird sich auch dieses Jahr knapp über die regenlose Sommerzeit retten können. Was danach kommt, hängt von der Niederschlagsfreudigkeit des nächsten Winters ab. In diesen unvorhersehbaren Zeiten ist kein Cedrino mehr unsterblich. Auch wenn es von Ewigkeit an schon immer so war.

Ich frage Toni, meinen Bruder auf Sardinien, nach der Hausnummer des Hauses in der Straße, in dem er von Geburt an wohnt. Das Haus seiner Eltern war eines der ersten Häuser in Orosei, welches außerhalb des Centro Storico gebaut wurde. Heute ist es umzingelt von ausladenden Neubauten und neureichen Einfamilienhäusern. Toni ist sofort irritiert. Er denkt richtig intensiv nach, aber weiß sogleich keine Antwort darauf. Und später auch nicht. Er schätzt sie dann, die Hausnummer, in einer Zahlenspannbreite von plusminus fünf. Auch das ist Sardinien und gäbe es in Deutschland nicht so ohne weiteres.

Daraufhin mache ich mir die Mühe, den Postboten des Dorfes regelrecht auszuspionieren. Ich unterstelle ihm, daß er viele Hausnummern im Dorf auch nicht weiß, schon allein aus dem Grund, weil nicht einmal alle Straßen Straßenschilder haben. Diese sind zwar namentlich auf Hauswänden oder an Kreuzungsecken aufgepinselt, doch ist die Farbe zumeist verwittert, abgeblättert oder eben schon übermalt worden. Trotzdem macht der Postbote stets einen fürchterlich glücklichen, unheimlich entspannten, am Beruf Freude habenden Eindruck auf mich. Zielsicher trägt er jeden Brief auch in unnummerierte Hauseingänge, von denen ich nicht sagen könnte, in welcher Straße sie liegen.

Da frage ich mich in diesen Spionagetagen natürlich schon, ob das überhaupt wichtig ist, so ein deutsch-zuverlässiges Totalwissen über die eigene Hausnummer, bis hin zu den weiter entfernten Hausnummern von Nachbarn, die man ohnehin bis auf den Tod nicht ausstehen kann.

DAS HAUS IST KLEIN, DAS HERZ IST GROSS

Mit dem Fahrrad in den sardischen Bergen. Richtung Gennargentu, dem „Silbersattel“ – Gebirge im Zentrum der Insel. Dort liegt auch die höchste Erhebung von Sardinien, die „Punta la Marmora“, mit 1.833 Höhenmetern. Wenn man so vom Meeresspiegel weg beharrlich darauf zufährt, spürt man die langgezogenen Steigungen wie eine zweite Schwerkraft in den sich verhärtenden Oberschenkeln. Mit jedem Schweißtropfen weicht die Wahrnehmung auf, schweigend keuchend unterwegs, von Ort zu Ort, wie in einer Gnade ohne Ortswechsel. Eine Dreiklangdimension in der menschlichen Zweidimensionalität.

Aufblendend glitzert der Asphalt im Gegenlicht. Fast alle Ortsschilder sind hier mit grobem Schrot durchschossen, so läßt sich ihre Aussage auch wesentlich besser lüften. Schafhirten schauen überrascht und grüßen freundlich. Sonst begegne ich keiner Menschenseele. Weit vom Meer entfernt bildet die immer noch dick gesalzene Feuchtigkeit an den steil aufsteigenden Granitwänden Wolken, die sich wie klobige Finger um die unsichtbaren Gipfel gelegt haben. „Un tempo in alto“, eine hohe Zeit, eine Hochzeit, eine Vermählung ohne Trauschein. Am Straßenrand durcheinandergeschossene, stark duftende Macchia, die beharrlich an den unbefestigten Asphalträndern nagt. Eine stumm wuchernde Zeugin, die sich traut. Vier Kühe auf der Gegenfahrbahn stehen Spalier, diszipliniert hintereinander aufgereiht wie straff aufgezogene Perlen auf einer Leuchtschnur. Auch sie grüßen stumm, die Stille bleibt eine schwergewichtige Stammwürze. Nur meine Schutzbleche klappern, wenn ich manchmal in ein Schlagloch fahre. Es gelingt mir nie, ihnen weit vorausschauend auszuweichen, weil ich sie tagträumend bereits wieder vergessen habe, wenn ich sie auch nur annähernd erreicht habe. Zwei Steinadler gleiten im Steingartenlabyrinth durch schroffe Felsengräber, balancieren sich schwerelos über die scharfen Kanten, Ruinen und nie aufgestellten Kreuze hinweg. Diese in keinem Buch erwähnten, unsichtbaren Friedhöfe halten sich eng-umschlungen aneinander fest und schließen sich hinter den Luftmolekülen, die von den Adlerfedern in Schwingung versetzt worden sind, sofort wieder lautlos zusammen. Gegenseitige Zärtlichkeit wacht über den Flug des Steinadlerpärchens. Die Gitter um meine Herzwände brechen. Wie im Schleudersitz empor katapultiert fliegt mein pumpender Blutfaustbeutel mit ihnen weiter davon. Dem sehe ich auch noch lange nach. Deshalb lande ich steil von der Straße abkommend im nächsten dürren, sehr auf mich zugestachelten Unterholz der Macchia. Die zwei Steinadler kreisen majestätisch zurück. Das wollen sie sich genau anschauen. Ihre spitzen Schreie sind das Lachen über ein menschlich dilettantisches Landungsmanöver. Ebenfalls lachend, wenn auch aufgerissener und zerkratzter, beschließe ich eine Pause. Mich aus der Macchia schälend, setze ich mich in den ungeschälten Stammschatten einer Korkeiche. Ja, ich habe Wasser dabei und trinke es in kleinen Schlucken. Eine umherziehende Schafherde ohne Hirten sucht ebenfalls den Schatten einer Korkeiche, der einzige Baum, der auf dieser Höhe noch wächst. Wenn die Schafe dicht aneinandergedrängt darunter liegen, so daß nicht ein Hüflein oder ein Schwänzchen von einem Sonnenstrahl getroffen werden kann, bilden sie mit ihren Leibern den Schatten der Korkeiche plastisch zweidimensional in der glutgeschürten Landschaft ab. Da ich unter der weit und breit einzigen anwesenden Korkeiche sitze, finden sie nur mich. Mich, der sie ohne betrügerische Absicht betrügt, weil ich körperlich überhaupt nicht anwesend bin, mein Körper aber trotzdem im Schatten sitzt, was die Herde dazu veranlaßt, bimmelnd weiterzuziehen. Ich winke noch, aber zu diesem Zeitpunkt ist die Sichtweise schon dahin.

Vielleicht erzähle ich Ihnen ja für Ihren Geschmack eine Spur zu abgehoben, zu abgedriftet, zu überfliegerisch von Sardinien.

Das hat seine volle Berechtigung, weil ich es ja auch bin.

Ich kann Sie jedoch beruhigen – Sardinien ist auch ganz weltlich: Wenn zum Beispiel die in Unsummen herumstreunenden Kater so ca. alle drei Monate hemmungslos ihrem Geschlechtstrieb verfallen, dann klettern selbst die eher als menschenscheu einzustufenden Hennen auf die bewohnten Dachterrassen. Nicht etwa aus Angst vor den waffenscheinlos abspritzenden Katern. Nein, es scheint, so meine stundenlang verrauchten Studien dort draußen bei den Hennen, es scheint, als ob sich die Hennen in solch geschlechtswildernden Zeiten mit einem unaufhörlich kraftvollen Bescharren der mittelalterlichen Dachziegel einen besseren Überblick verschaffen wollen, um den Katern demonstrativ zu zeigen, daß ihr Hahnenhimmel – im Gegensatz zu deren Schmusekätzchenhimmel – nicht nur eine halbe Krallenlänge länger ist, sondern auch ebenso höher hängt.

Das ist echte, sardische Weltlichkeit. Ohne Gefühlsduselei, ohne allzu patriotische Melancholie und ambitionierte Übersympathie.

Zumindest behaupte ich das, ich, der Inländer im Ausland, dessen Zuhause ein ausländisches Inland ist.

Mitten aus dem wild blühenden Frühling heraus, schon fast in den drohenden Sommer hinein, ziehen fünf Pferde auf den Strand. Der Strand ist durch ein in das Meer mündende Flüßchen auf einer Breite von ungefähr zehn Metern in zwei Hälften getrennt. Die Rücken und Nacken der Pferde sind ohne menschliches Zivilisationsutensil. Ihr Fell ist struppig verwildert und an den Flanken mit Lehm verkrustet. Der starke Gegenwind peitscht ihnen die Mähnen auf die geschmeidig schreitende Rückenmuskulatur. Ihre Nüstern, mit denen sie sorgfältig Luftmolekül für Luftmolekül abtasten, sind zitternd aufgebläht. Würdevoll, wie in Zeitlupe, grasen sie sich wie unbedarft, dahinter hochwachsam konzentriert, zum Flußufer hin. Am gegenüberliegenden Flußufer spielen zwei streunende Hunde mit einem schon stark verwesten Hundekadaver Fangen. Scheinbar ebenfalls unbedarft. Wenn man jedoch genau hinsieht, d. h. auch das sehen kann, was überhaupt nicht sichtbar ist, dann sieht man, wie die Luft im Zentrum von zwei gegenüberliegenden Spannungen exakt über der Flußmitte stillsteht. Dort sind die Luftmoleküle erstarrt, wie ein Bogen, der zum Zerreißen gespannt ist, kurz bevor alles kinetisch explodiert. Die fünf Pferde haben ihre Seite des Flußufers erreicht. Langsam senken sie die Hälse ins Wasser, auch in dieser übervorsichtigen Behutsamkeit sehr stolz, sehr würdevoll, auch in der Absenkung noch sehr ungebeugt. Während sie zu trinken anfangen, erstarren am gegenüberliegenden Flußufer die zwei

Hunde in ihrem verspielten Kannibalismus und wurzeln wie Statuen an. Die Pferde heben die Hälse wieder langsam aus dem Wasser und verharren reglos. Keine Nüster flattert, kein Tropfen Wasser, der ihre Mäuler verläßt, keine zitternde Fessel.

Jetzt ist auch die Zeitlupe dahin. Plötzlich hat irgendeine höhere oder auch niederere Macht auf Standby gedrückt.

Was ich bisher fast verheimlicht habe, also kaum in einem auch noch so verschachtelten Nebensatz oder in dessen Seitensprüngen erwähnt, geschweige denn angedeutet habe – ich bin als Mann auf die Insel gekommen und als solcher dort auch unterwegs. Warum ich mich jetzt an dieser Stelle so leichtsinnig verrate, liegt daran, daß ich eine nachhaltige Vision gehabt habe, die Vision, daß es unmöglich ist, ein Buch über Sardinien schreiben zu wollen, ohne nicht zumindest mit einer Textpassage näher auf das zumindest optische Element der sardischen Frauenwelt eingegangen zu sein.

Der Anblick von sardischen Frauen erschüttert die männliche Hormonwelt nachhaltig. Schon in einer vorübergehenden Flüchtigkeit, noch im Deckmantel der eigenen Augenwimpern, rasen mit diesem Streiflicht die Hormone auf der Formula Uno -, der Formel 1-Piste, los. Dort brechen sie sofort, wie auf unerklärliche Art und Weise finnisch-deutsch vereinigt, jeden Rundenrekord. Um das nur von der deutschen Ecke aus zu betrachten, ohne die finnische Seite dadurch schmälern zu wollen: Das ist so, als ob sich Michael Schumacher plötzlich mit einer Rakete, anstelle des auch nicht gerade lahmarschigen Ferrari, warmfahren würde und Mika Häkkinen mit einem Schlag beide Hände benutzen müßte, um seine gleich paarweise herausfallenden Augen aufzufangen. In diesem scheinbar noch lockeren Warmfahrvorgang befindet man sich in Wirklichkeit schon unausweichlich verstrickt in der sinnlichen Juwelenwelt von sardisch weiblichen Hautporen. Man denke etwa an einen glühend heißen Wärmeüberschuß zwischen artistisch verschlungenen Schenkeln. Und im Verglühen keine Verbrennungsgefahr in Sicht, ein unerreichbarer Traum für jeden Ferrari-Mechaniker.

Offengestanden befinden wir uns hier nun aber nicht mehr am Rande eines Boxenstops in der Endphase eines entscheidenden Rennens, sondern zentimetergenau zentriert zwischen Samtlippen in Satingewölben unter gleitenden Weichhautwellen. Wir befinden uns auch nicht mehr in einem computergesteuerten Sturzhelmgehirn eines lebensmüden Keep-Smiling-Helden, sondern wir liegen im endzentrierten Kreuzfeuer von Hautgeflechten, mit einem Verdampfungsgrad, der in der Regel nur von subtropischen Heißmangeln erreicht wird.

Den Anblick von sardischen Frauen mit der Formula Uno und sonstigen subtropischen Heißmangeln zu vergleichen – da werden mir viele von Ihnen sofort erniedrigenden Chauvinismus vorwerfen. Hier muß ich jedoch um einen Moment aufklärerischer Geduld bitten, denn, infatto, in der Tat: In Ihrer Vielheit haben Sie natürlich vollkommen Recht. Die Wirklichkeit ist wahrlich weitaus weniger heldenhaft. Wir wissen das ja schon aus anderen Büchern, wie zum Beispiel des Schriftstellers Markus Fritsche, daß in der Realität die Wirklichkeit ganz anders ist und daß ein Mann ohne einen Traum schlichtweg ein Trauma darstellt.

Die frauliche Wirklichkeit in der sardischen Realität stellt sich eher folgendermaßen dar: Ohnehin nicht ganz sicher auf den Beinen läufst du, vor lauter möglichen Begegnungsabdrücken innerlich schon angespannt, durch sardische Gassengeflechte. Willkürlich biegst du um eine Ecke, eine vollkommen x-beliebige, und fällst völlig unvorbereitet in eines dieser sardischen Frauengesichter zwischen siebzehn und einundsiebzig. Nix Formula Uno dann. Aus dieser männlich hochpotenzierten Formel 1 wird ganz schnell weder eine Formel 6, noch sonst irgendeine autorennende Zauberformel. Du, als Mann, versinkst blitzartig unlässig und heldenentfernt unlasziv im sich sofort einstellenden Kniegummi. Der darunterliegende Boden ist weder sektverspritzt noch siegerposig. Da schäumt nichts, da gleitet nichts dahin, da prickeln keine söhnleinbrillianten Perlen unter den Sohlen. Der darunterliegende Boden ist stahlhart ungefedert mit Ehrfurcht, Respekt, Überwältigung und

Salzsäurenstarre. Vor allem letztere frißt sich porentief ungesättigt in die nur scheinbare Gewißheit von männlich-cooler Unantastbarkeit hinein.

Auch wenn sich dann die zwei Blicke einmal zufällig in einer Seele treffen sollten – Formel 1 und die sinnliche Juwelenwelt von weiblichen Hautporen fällt dir als Mann in diesem Moment garantiert nicht ein. Denn du bist mit ganz anderen Dingen beschäftigt: Zum Beispiel versagt dein Undercover-Deo kläglich. Sofort bist du mit deinen eigenen Gerüchen klatschnaß geschwitzt. Da dich aber so etwas wie ein Blitz mit Überspannung getroffen hat, bist du sofort wieder rascher ausgetrocknet, als es dir jemals lieb gewesen ist. Du versuchst zu schlucken, stimmlich wäre das ein klägliches Krächzen, mit einem Lautstärkepegel knapp über der Dauernullinie. Du stammelst irgendeinen Begrüßungswahnsinn, statt einfach und unmißverständlich „ciao" zu sagen. Verdientermaßen erntest du einen wohldosiert treffsicheren Hauch von staubtrockenem Spott, der gleich wieder Abschied ist. Du bist fassungslos. Du schaust dich um, aber da ist nichts mehr.

Die sardischen Frauen haben vermutlich kein Geheimrezept.

Es ist schon allein ihre Würde und das optische Element ihrer Schönheit, die das bewirkt.

Sardinien oxidiert aufplatzend aus seinen Frühlingsspraydosen heraus. Wie über Nacht ist die Inseloberfläche am nächsten Morgen ein üppig gesprühter Blütenteppich, über die eigenen Ränder hinauswuchernd, die Gesamtoberfläche der Insel vergrößernd. Tatsächlich jedoch werden die scharfkantigen Umrisse der Insel tiefenwirksam vom Meer abgeknabbert. Unaufhaltsam wird ihr potentieller Landanteil durch ununterbrochen fressende Minisalzmäuler reduziert. Nachfrühlingshafte Pflanzenwucherei hin oder her.

Sardinien ist noch dünn besiedelt. Selbst wenn der aktuelle und spätere Tourismus nicht mit Übervölkerung kommt, wird man in ein paar Millionen Jahren enger zusammenrücken müssen. Drei Millionen Schafe müßten dann mehr Menschennähe ertragen, und eineinhalb Millionen Menschen müßten dann schon intensiver nach der von Schafskot nicht berührten Badebucht Ausschau halten.

Zärtlich streichelt der warme Wind die prall aufplatzenden Ginsterblüten.

Unterliegt Sardinien einem Naturgesetz namens „Wenn nicht heute, dann vielleicht gerade noch morgen?“ Zwingt das nicht sofort zum Handeln? Läßt sich aus populistischer Sicht heraus vielleicht so auch die nicht unerhebliche Anzahl von Bomben erklären, die tagtäglich an den Portalen von Rathäusern, Polizeistationen und politischen Büros abgeladen werden? Ist so manchem Sarden nicht schon heute sein Land viel zu eng? Vor allem im Kopf?

Sardinien oxidiert aufplatzend aus seinen Frühlingsspraydosen heraus.

Seit zwei Tagen schon war kein Bericht eines Bombenanschlages mehr in der „Nuova“, der populärsten Tageszeitung auf Sardinien. Die Jagdsaison ist längst zu Ende, nichts mehr, was die sonntägliche Stille schrotgeflintet in die Luft jagt. In diesen paar Tagen im Vorsommer herrscht Frieden im Inselland, das wieder ein paar Kubikzentimeter mehr an Boden verloren hat.

Am Sturmmeer stelle ich nüchtern fest, daß mein Atem nicht schwindelfrei ist. Wenn so ganze Hochhausfronten auf mich zugerollt kommen, dann würgt die keuchende Luft in mir auf eine üble Herzstecherei zu. Eine Hochhausfront in Wellenform, *das* ist architektonische Ästhetik. Aber der Weltarchitektenverband ist wieder einmal nicht am Tatort. Und offengestanden, es gibt ihn auch nicht, diesen Verband. Ganz im Gegensatz zum Tatort.

Annähernd nahe vor der letzten Wellenbruchkante bücke ich mich nach einem Stück Ästhetik, welches da gerade noch im Sand liegt. Es sind die noch zusammenhängenden, letzten vier Ecken eines einst fünfzackigen Seesternes.

Die Gier in meinen Augen ist Schallgeschwindigkeit. Meine Wirbelsäule, die zu bückende, stellt die dafür völlig unpassende Zeitlupe dar. In meinem Bückling knackt es auf einmal furchtbar laut dem brüllenden Gischtgetose entgegen. Ein Schmerz mit nachpressendem Korruptionsgehabe durchzuckt mich höllisch. Meine Optik rebelliert, plötzlich ist der einst fünfzackige, dann vierzackige Seestern achteckig, und sofort tropfen mir zerbissene Eidechsen aus dem Mund.

In dieser saftigen Mischung aus Gliedern, Schleim und Blut muß auch ein Skorpion dabei gewesen sein. Sein Stachel spaltet mir die Zunge, die nun auch zwischen den Zahnhälsen herauslappt. Automatisch beiße ich kraftvoll zu. Der Seestern, der von meinem Zugriff noch nicht erwischt worden ist, rotiert jetzt wie im Schleuderwaschgang, zentrifugiert sich zackenlos in eine Art Todesspirale hinein. Fast gleichzeitig tropft der lautlos gestorbene Skorpion aus meinem rechten Mundwinkel heraus. Ebenfalls auf der Todeskanditatenliste erbreche ich mich herzhaft aufgestachelt, reiere einen druckvollen Ekelcocktail vor das gewellte Panorama der nächsten Hochhausfront. Unbeirrt alldessen, das mit den Gnadengesuchen ist ja auch so eine Sache, greife ich trotzdem wirbelsäulenungelenk in den zentrifugierten Seestern hinein. In beobachtender Stellung sehe ich mich schon blitzschnell meinen abrasierten Fingern hinterherhechten, erstaunlicherweise bleibe ich mit vollständig befingerter Hand abgebogen stehen und hebe eine Art Plastikstern aus dem Sand.

Es ist ein ehemals fünfzackiger, jetzt vierzackiger Sheriffstern, wahrscheinlich vom letzten Karneval in Venedig, der jetzt hier angeschwemmt worden ist. Weit und breit kein lautlos gestorbener Skorpion und keine zermalmten Eidechsenreste in Sicht. Ungläubig, d. h. jetzt mit unbedingtem Verzicht auf jegliche Form von Zeitlupe, biege ich meine Wirbelsäule wieder knackend aufrecht in den Stand. Die Gier in meinen Augen ist nur noch eine zulässige Höchstgeschwindigkeit auf Fernstraßen.

Architektonische Ästhetik also..., ist das ihre Wirkung? Ist das ihre Auswirkung? Lässig werfe ich den Sheriffstern in das nächste heranrollende Wellenhochhaus und schreite breitbeinig schußbereit in die Gegenrichtung von dannen. Erstaunt stelle ich dabei fest, daß mir das auf zwei Beinen gelingt.

Leonardo ist für ein paar Tage zurückgekehrt. Seine Stiefel sind nicht bleibeschwert und blutverkrustet. Sie sind neu.

Leonardo verließ die Insel in Uniform, als fast großer Junge nach dem ersten Bartflaum. Im Kosovo, immer vor und direkt hinter den Fronten, verkantete sich sein weiches Gesicht. Aber es ist waffenlos männlich geworden und uniformlos schön geblieben.

Vor zwei Jahren bediente er noch in der Bar, in der ich jetzt sitze. Wenn er mir nicht damals schon so sympathisch gewesen wäre, dann hätte ich schon einmal im Sinne der Anklage auf Kinderarbeit plädiert. Leonardo hatte immer schüchtern, mehr in sich hinein als nach außen grinsend, kunstvolle Milchschaumhütchen auf die Gipfel meiner Cappuccini drapiert, die ich auch damals schon zu bestimmten Tages- und Abendzeiten endlos in mich hineinschüttete. Ganz nebenbei – es war Leonardo, nicht Michelangelo, der die Kopfbedeckung für koffeinhaltige Milchschaumgetränke erfunden hat. Und nie werde ich die verstohlen spielenden Grübchen seines scheuen und doch stolzen Lächelns vergessen, wenn er mir die prickelnd schäumenden Kunstwerke servierte. Wenn ich mich überschwenglich begeistert bedankte, was ich immer tat, dann war ihm das fast peinlich. Vor all den Leuten. Stets versuchte er mich mit flehenden Augen zu beschwichtigen, flehende, dunkle Augen, in denen pure Freude, Dankbarkeit und Stolz leuchteten. Wenn er zum Tresen zurückging, dann war sein Kreuz eine Spur gerader nach oben durchgebogen.

Es ist Ostern. Leonardo ist endlich wieder auf ein paar Tage Heimaturlaub nach Hause gekommen. Im Kosovo brennt es weiter. Leonardos Mutter bekreuzigt sich ununterbrochen. Hier, in der Bar, in der er einmal bedient hat, muß er keine frisch ausgepackte Munition in vorsintflutliche Granatwerfer basteln. Hier muß er keinen Gewehrabzug mit dem im Lungenvolumen stillzustehenden Atem beruhigen. Hier muß er nicht vor jedem nächsten Schritt schweißgebadet beten, daß er bitte, bitte jetzt nicht auf eine Mine tritt. Hier muß er sich nicht mit dem Alptraum peinigen, daß ihm plötzlich Kinder in Uniform vor sein Maschinengewehr laufen, er es dann auch betätigen muß, weil die Uniformen der Kinder eine andere Farbe als seine eigene Uniform haben.

Leonardo sitzt da mit den Amici, den Freunden, am Nebentisch, immer noch mit diesen unschuldigen, jungenhaften Grübchen im Lächeln, welches jetzt noch viel tiefer nach innen geht. Das Leid und die Grausamkeit des Krieges haben ihm Kanten in sein Gesicht und in seine Augen geschliffen. Sein Herz ist weich und offen geblieben. In den still wogenden Augenwinkeln lächelt das Land seiner Kindheit. Sardinien.

Deshalb vielleicht.

Wir reichen uns die Hand zur Begrüßung, so als ob wir uns erst gestern verabschiedet hätten. Es ist mir eine große Ehre. Weil nicht nur Leonardo gewachsen ist, sondern auch meine Hochachtung vor ihm.

Sonntagnachmittag im Dorf. Dauerregen. Totenstille. Reglosigkeit.

Dauerregen ist ein sehr seltenes Wetterphänomen auf Sardinien. Die kühle Nässe und die fast gleichzeitige Übertragung von Formula Uno und der Seria A haben die Dorfbewohner in die eigenen vier Wände hineingepflanzt. Ein sehr seltenes Gesellschaftsphänomen auf Sardinien.

Ferrari hat ein Heimspiel in Monza, Juventus ein schweres Auswärtsspiel in Parma. Cagliari spielt im eigenen Stadion auf einem morastigen, mit Pfützen durchweichten Platz. Der Schiedsrichter zögert lange mit dem Anpfiff, was letzten Endes die Frage beantwortet, wieviel Wasser im bezahlten Fußball erlaubt ist.

Direkt vor meinem sich ständig verwischenden Blick stehe ich am Fenster. Wo sind meine Scheibenwischer? In mir ein stetig wachsendes Gefühl, daß seit meinem letzten Blick aus dem Fenster, vor einem Wimpernschlag, die üppige, im Dauerregen subtropende Pflanzenwelt wieder fünf Zentimeter weitergewachsen ist. Selbst die nie zählbaren, streunenden Hunde und Katzen sind von der Bildfläche geflutet. Vielleicht müßte auch ich den Fernseher einschalten, um die fehlenden Hunde als eigenständige Elf gegen Juventus Turin wiederzusehen, oder um den Silberpfeilkatzen nachschauen zu können, wie sie am Steuer der Mercedes McLaren den wasserstäubenden Ferraris hinterherjagen. Die Luft ist wie meterdick kubanisch, kommt aus Nordafrika, und es scheint, als ob sie auf ihrem Weg nach Sardinien das dazwischenliegende Meer gleich mitgenommen hat. Ausladend donnernd rollt die gesamte Akustik der Meeresbrandung bis in das Dorf hinein. Der Nachmittagshorizont tobt sich schwerfällig kopfüber, er wird von seinem Bleigewicht nach unten gezogen. Vor dem Fenster bleibe ich sitzen, senke den Blick und lese weitere fünfzig Seiten in dem „Idioten" von Dostojewski. Mit weit aufgerissenen, fiebrig von links nach rechts und viceversa schnellenden Augen wuchere ich in das ausladende Geschwür einer anderen Welt, einer anderen Zeit hinein. Plötzlich ist es ein heißer, trockener Sommer, 1870 in Rußland. Plötzlich etikettiere ich mit erstklassigen Umgangsformen, in Höflichkeit vollendet, durch die entfernten Ableger der Zarengroßfamilie. Auch ich möchte diesen Idioten, Fürst Myschkin, weinend umarmen, weil er keine Etikette hat, statt dessen nur mit seinem tatsächlichen Gefühl ehrlich aus sich selbst heraus reagiert – und gerade deshalb zum Idioten wird.

Die Gesellschaft ist ein denkfähiger Apparat, ein nur auf den eigenen Vorteil bedachtes Instrument, das so handelt, wie es der schablonierte Kopf berechnet hat. Die Tränen des Fürsten und meine eigenen feuchten Augen sind der Schrei nach einem Platztausch. Der wirkliche Idiot ist die Gesellschaft. Auch 1870 in Rußland wußte das jeder. Aber man mußte schon als Idiot zur Welt gekommen sein, um die idiotische Welt zu entblößen. Und ist das heute wirklich anders?

Nach weiteren fünfzig Seiten blicke ich wieder auf, in den Dauerregen, über subtropisch weitergewachsene Vegetation. Sonntagnachmittag im Dorf. Es ist totenstill und reglos geblieben. Michael

Schumacher hat inzwischen gewonnen, Juventus und Cagliari sind noch am Verlieren.

Salvatore, der Schäfer, ist letzte Nacht ums Leben gekommen.

Mein Lieblingscarabinieri im Dorf teilt mir seinen Tod flüsternd, fast liebevoll zärtlich und deutlich unter Schock stehend mit. Auch er hat mit Salvatore oder mit mir und Salvatore in so mancher Nacht auf dessen Weideland gesessen und hat dessen Schafe sozusagen mit leergetrunken. Dies seltenst in Form von roher Schafsmilch, sondern meistens in der Konsistenz von fast eingedicktem Rotwein.

Inmitten seiner großen Herde, anders habe ich Salvatore nie erlebt, hatte er immer dieses gerade so eben sichtbare Grinsen zwischen die reichlich wuchernden Bartstoppeln geklemmt. Dazwischen lag immer nur noch ein feinstofflicher Grashalm aus der vertrockneten Pampa. Das wirkte friedlich und stand im harmonischen Einklang mit seinen beiden Füßen auf dem Boden, die mit schwerem Leder fest umwickelt gewesen waren.

Trotzdem hat er sich in seinen Brunnen geworfen. Die Carabinieris des Dorfes haben sich abgeseilt und den Leichnam mit bloßen Händen geborgen. Sie finden keine Hand, die sich angelegt haben könnte. Keine äußere, die gewürgt, gestochen, geschossen oder erschlagen hat und auch nicht die eigene von Salvatore, seine linke. Sie finden auch nicht heraus, wie tief der Brunnen wirklich ist. Salvatore ist im freien Fall in dem sich nach unten verengenden Brunnenschacht in ca. zehn Metern Tiefe auf einer Art kleiner Plattform hängengeblieben. So haben sie ihn gefunden, und das haben sie bis jetzt herausgefunden:

Fast vollständig hat er dagelegen, wenn auch wie mehrfach spiralförmig in sich selbst verdreht, wenn auch wie fast ausschweifend komplett um die nackten, feuchten Brunnensteine gewickelt. Gefehlt hat nur seine linke Hand, die mit einer scharf geschliffenen

Wucht sauber vom Gelenk abgetrennt worden ist. Die Carabinieris vermuten, daß er sie sich vor dem freien Fall selbst abgehackt hat. Hätte Salvatore sie in den Brunnen geworfen, dann müßte sie an der Plattform im Brunnenschacht, welche dann seinen nachfolgenden Körper wie einen Schmetterball aufprallen ließ, noch vorbeigefallen sein. Selbstverständlich, ohne nach oben zurückzufedern.

Salvatore ist Linkshänder gewesen. Das muß ungelenk für ihn gewesen sein, mit der ungewohnt rechten Hand die gewohnt linke Hand mit einem Schlag vom Gelenk abzutrennen. Warum dann die linke Hand? Hatte er es nicht geschafft, sich das Herz herauszureißen? Hatte er dann beschlossen, wenigstens einen Stellvertreter der gleichen Körperhälfte vorab in die Tiefe zu schicken?

Mit der Aufklärung des Falles müssen die Carabinieris noch warten, bis brauchbareres Gerät aus der Provinzhauptstadt geschickt wird. Ihre eigenen Geräte reichen nicht aus, um bis zu der noch nicht bekannten Tiefe des Brunnenbodens vorzudringen. So einen Fall hatten sie noch nicht. Der Polizeipräfekt von Nuoro hat schon eine telefonische Zusage gegeben. Zentimeter um Zentimeter der nahen, näheren und ferneren Umgebung haben sie derweil nach der Hand abgesucht. Niente. Nichts. Bleibt noch der Brunnenschachtboden. Sie müssen warten. Schweigend, blaß und nervös rauchend stehen sie kreisförmig um den Brunnenschacht herum. In diesem Fall sind sie überhaupt nicht scharf auf Aufklärung und Rekonstruktion. Mit ihnen steht Salvatores Schafherde um den Brunnenschacht herum. Sie ist ebenfalls nicht scharf auf Aufklärung und Rekonstruktion. Sie will einfach nur zu Salvatore.

Oft haben wir nachts auf der Weide, am häufigsten bei Vollmond, von diesem schweren, fast eingedickten Rotwein getrunken, eine zelluläre Blickvernichtungsbombe ohne Rasterauflösung. Oft haben wir dabei über Goethe und Schiller philosophiert. Salvatore hatte über zwanzig Jahre bei Salamander in Kornwestheim am Fließband gestanden. Als er dann nach Sardinien zurückkehrte, hatte er sich die Schafherde gekauft und ihr aus den mitgebrachten, gelben und weißen Reclamheftchen im Schatten einer schirmförmigen Korkeichenkrone „Die Glocke", den „Erlkönig" oder aus dem „Faust" rezitiert. Salvatore fand letztendlich Schiller populärer und Goethe genialer. Goethe hatte für ihn die direktere Verbindung zum eigenen Wahnsinn, was ihn deshalb auch seiner Meinung nach unpopulärer machte. Den Zugang zu Goethe und Schiller fand Salvatore in den Akkordpausen am kornwestheimschen Fließband. Gingen die Kollegen rauchen oder schnell heimlich etwas trinken, zog er Reclamhefte aus seinem Drillich. Er setzte sich raus an die frische Luft und verließ für eine oder für zwei Seiten den Planeten kapitalistischer Volkswirtschaft, in seinem speziellen Fall sogar den Planeten kapitalistischer Volksschuhwirtschaft.

Er brauchte dann seine Jahre, um in dieses, auch für ihn neue Sardinien tief hineinzuhorchen, immer in der Hoffnung, es dann auch eines Tages wieder spüren zu können. Er lebte lieber mit den Tieren als mit den Menschen, konfrontierte lieber seine Schafe als seine Nachbarn mit „Gretchen". Und doch hätte ich felsenfest behauptet, daß seine Beine wie angewachsen, wie nicht umzukippen, in der Terra Sarda, in der sardischen Erde, in der Terra Santa, in der heiligen Erde, verwurzelt gewesen sind.

Mein Lieblingscarabinieri im Dorf, der mir Salvatores Tod flüsternd, fast liebevoll zärtlich und deutlich unter Schock stehend mitgeteilt hat, ist mit einem stummen Herumklopfen auf meiner Schulter wieder gegangen.

Plötzlich ist es sicher, so daß ich es auch wirklich weiß – Salvatore, der sardische Schäfer mit den deutschen Reclamheften, der liebenswerte Freund, ist tot.

Mich ins Auto setzend rase ich die haarnadelengen Serpentinen des Monte Tuttavista, des Hausberges von Orosei, hoch. Unverständlicherweise lenke ich nur mit der linken Hand. Die rechte Hand bleibt auf dem sich kreuz und quer verschiebenden Schalthebel liegen. Ich schlittere, ich weine. In den Scheitelpunkten der Kurven bricht der Wagen immer wieder flächenschaffend aus, fruchtlos pflüge ich an den Straßenrändern herum. Auch mit meiner linken Hand – ich bin allein.

Salvatores selbstgemachter Wein war in jedem Jahrgang ein Gedicht zwischen sommerprall und winterfern. Mein Fuß auf dem Gaspedal gibt nicht mehr nach. Trotzdem überholt mich das Gewitter. Vor mir auf dem Gipfel angekommen, tobt es sich zwischen den völlig durchnäßten Steinreihen aus. Nein, dort oben ist kein Friedhof, aber Salvatore ist tot. Unten, an der Küstenlinie im Osten, scheint noch die Sonne. Ein schneeweißes Schiff schäumt in eckigen Bewegungen durch die auf- und zuklaffende Dünung. Ich steige aus, sofort bin ich naß bis auf die Haut. Zwischen blühenden Alpenveilchen und tief eingegrabenen Wildschweinspuren schlägt der Blitz in nächster Nähe ein. Donnersteilwände explodieren knallreflektiert im nackten Felsengrund.

Auf dem Monte Tuttavista hat der nie innehaltende Wind im Lauf der Jahrtausende ein fast kreisrundes Loch mit über zehn Metern Durchmesser in eine Felswand gestanzt. In diesem Loch stehe ich jetzt, windzerfetzt, auch schon unter der Haut gewässert, denke ich jetzt, vielleicht nur noch bis zum nächsten Blitz, frage ich mich – Schäfer, warum? Kann nur derjenige, der mitstirbt, diese linke Hand wiederfinden, während ihrer Auferstehungsreise vom Brunnengrund zum Himmelsschlund?

Nie mehr wird Salvatores Schafherde Goethe und Schiller auf Deutsch rezitiert bekommen. Ich vermute, daß sie Salvatore folgen wird.

Meine Frau lernt Italienisch. Auf der Straße, in den Bars und Alimentaris, auf der Post, im Handarbeitsgeschäft, in der Schlosserei, beim Musikhören und vor allem bei Rossana. Meine Frau geht regelmäßig zu Rossana, die einen kleinen Laden mit sardischen Kunstgegenständen hat. Rossana ist eine der schönsten Frauen im Dorf. Ein Anblick, bei dem die ohnehin plötzlich still im Raum stehende Luft auch noch den berühmten Sauerstoffentzug durchmachen muß. Rossana hat den vollkommenen Geradeauscharakter, der manövrierte Schnörkel und verbale Warteschleifen haßt.

Meine Frau spricht von Tag zu Tag deutlich besser Italienisch. Inzwischen so gut, daß ein fast fehlerfreies Ablästern über die Widersprüchlichkeit des männlichen Geschlechtes immer mehr im Bereich einer möglichen Perfektion liegt. Sogar mit geschlossenem Mund staune ich, auch über Rossanas Mutter. Rossanas Mutter ist eine der schönsten Frauen im Dorf. Fast dreißig Jahre älter als ihre Tochter ist sie wunderschön in sich und durch das, was ihr das Leben tief ins Gesicht geschnitten hat. Liest man in ihrem Gesicht, in den tiefliegenden, schwarzen Augen, dann weiß man, auch über ihren feinfühligen, wie schmerzfrei wirkenden Humor hinweg, daß dieses lange Leben hart, entbehrungsreich, aufopfernd, demütig und aufzehrend gewesen ist. Und dennoch und gerade deshalb: Wenn Rossanas Mutter einen Raum betritt oder man selbst schon im Raum ist, wenn sie ihn betritt, dann vergrößert sich dieser Raum in eine Dimension, in der ausschließlich nur noch das Herz mit dem Herzen spricht.

Wenn meine Frau in Rossanas Laden Italienisch lernt und Rossanas Mutter hereinschaut, dann begegnen sich drei Augenpaare, die jede Sprache sprechen und sich somit stumm begegnen können. Das wird auch der Grund dafür sein, daß meine Frau in Kürze weitaus besser als ich Italienisch sprechen wird.

SARDISCH DENKEN, ITALIENISCH SPRECHEN

Regionalwahlen in Italien. Regionalwahlen auf Sardinien.

„Interregio" könnte man verknappt sagen, denn Italien folgt den europaweiten Gleisanlagen, auf denen die Weichen wieder nach rechts gestellt sind. In den meisten italienischen Regionen hat das Centro Destra, die rechtsströmende Parteienkoalition, das Centro Sinistra, die linksströmende Parteienkoalition, geschlagen. Leider auch auf Sardinien. In drei von vier Provinzen. Nur die Provinz Nuoro hat sich mit einem leicht linken Vorsprung quergestellt. Eine bittere Ohrfeige, selbst für mich, als Ausländer im Inland. Die Bitterkeit liegt vor allem darin, daß im Centro Destra auch die Lega Nord ist. Die Lega Nord ist eine Partei, die den reichen Norden Italiens vom armen Süden abtrennen will, weil der verarmte Süden Italiens nicht nur nutzlos ist, sondern vor allem die ausschweifende Kapitalanhäufung im Norden hinderlich stört und bremst. Es ist auch kein Geheimnis, daß die Lega Nord sehr nationalistisch ist, wenn man es wohlmeinend rechts betrachtet, sehr faschistisch ist, wenn man es wohlmeinend links betrachtet. Umberto Bossi, der Vorsitzende der Lega Nord, bezeichnet sich zwar selbst als „roten Nationalisten", dennoch wird er meistens automatisch in einem Atemzug mit dem österreichischen Haider genannt. Nebenbei bemerkt, das ist auch mein Atemzug.

Auch dafür haben die Sarden in drei von vier Provinzen mehrheitlich gestimmt. Orgosolo, einst der Fluchtkulminationspunkt von Gesetzlosen und das Protestzentrum schlechthin auf der Insel, ist nicht mehr rot, ist jetzt schwarzbraun geworden, ohne zu erröten. Iglesias, das alte Bergminendorf mit einer traditionell linken Arbeitermentalität, ist jetzt mit absoluter Mehrheit ein rechtslastiger Abhang. Die Quittung für das Centro Sinistra ist hier staubtrocken und unheilbar lungenkrank.

Ich bin erschüttert. Ich frage nach. Fast entschuldigend wird mir von vielen Einheimischen gesagt, daß man damit immerhin dem globalen Trend gefolgt ist, somit eine zumindest fortschrittliche, wenn nicht gar weit vorausschauende Wahl getroffen hat. Dann bin ich fast noch mehr erschüttert. Da wird ein traditionell linker Landstrich, hier eine Insel, in seiner Armut und Rückständigkeit bewußt und gezielt klein gehalten, und dann wählt ihr Volk mehrheitlich die Politiker, die dafür mitverantwortlich sind. Das alles, um der nach rechts gestellten Euroweiche, überhaupt dem globalen Trend, zu folgen. Dio mio, mein Gott, was für ein Zauberwort – Globalität.

Doch was ist das eigentlich, Globalität? Da hole ich doch gleich überhaupt nicht weit aus und beginne noch örtlicher als global:

Da schmelzen die Polkappen jetzt schon deutlich sichtbar. Plötzlich fährt man ganz normal durch das Wasser, dort, wo man sonst meterdicke Eisschichten brechen mußte. Das sieht man. Das hört man. Das erfährt man. Man kann die Hand ins Wasser legen und sich ganz sicher sein, daß dies kein Eis mehr ist. Und man kennt die Ursachen dafür. Und trotzdem kümmert das kein Schwein. Das nehme ich jetzt auch sofort wieder zurück, weil die Schweine würde es kümmern, wenn es für sie erfahrbar wäre, wenn auch sie früher und heute über die Polkappen gereist wären und sie somit den direkten Vergleich hätten.

Wenn man schon seit langem die Ursachen kennt, um die schlimmen Auswirkungen weiß und dennoch kaum etwas dagegen unternimmt, dann ist „Globalität" ganz einfach nur ein anderes Wort für „Ignoranz".

In unserer heutigen Zeit darf man das ganz beruhigt auch kapitalistisch sehen – dann ist „Globalität" nichts weiter als eine weltweit flächendeckende Firmenfusion. Bezieht man unsere Bequemlichkeit noch mit ein, dann ist „Globalität" der wohltuende Prozeß für jedes Gehirn, sich weltweit nur noch den Namen einer einzigen Firma merken zu müssen. Muß Europa endlich keine große Familie mehr, sondern nur noch eine Firma sein? Io amo Globalität? Ich liebe Globalität?

No, grazie. Nein, danke.

Globalität ist für mich ein durch Macht- und Geldrausch pervertierter Grübelschaden. Ein Totalschaden. Dort kapituliert der Mensch vor seiner Natur und seiner Geschichte. Für mich ist Globalität das Ende der Fahnenstange, an der keine Fahne mehr hängt. Globalität ist damit jedoch nicht der Identitätsverlust von anonymen Nationen, sondern der individuelle Identitätsverlust jedes Einzelnen in jeder anonymen Nation.

Natürlich muß ich mich da ernsthaft fragen, ob ich nicht ein blind vernagelter, starrköpfiger Nachzügler aus einem Jahrhundert bin, welches kokett mit einem humanen Sozialismus geliebäugelt hat. Natürlich mache auch ich kapitalistische, vorstufig globale Geschäfte und muß mir selbst dann schon knallhart ins Gesicht schreien, daß ich weder Frosch noch Spinne bin, sondern ein Mensch des einundzwanzigsten Jahrhunderts.

Und dennoch: Auch mit dieser wirklich knallharten Selbstkonfrontation, daß ich eben weder Frosch noch Spinne bin, erschüttert es mich, das Ergebnis der Regionalwahlen auf Sardinien.

Egozentrisch vernebelt trete ich vor die schlichte Holztür in die Nacht hinein. Ich erkenne mich nicht gerade. Rosmarinschwanger fliedert mir Jasminduft in die Lungen. Drinnen balancierte ich noch durch ein imaginäres Publikumsnarkotikum meiner selbst, draußen blüht mir sofort schlaglochgleich das Leben entgegen. Mich noch nicht ganz in mich hineinfallen lassend, lehne ich mich verschmust an den Lebenslustpfosten. Um mich herum eine schwarzgelbmondige Sehnsucht, die es ermöglicht, das zelluläre Seelenwachstum körperlich zu spüren. Der gerade erst aufgegangene Mond tropft noch unter der Horizontlinie zwischen Meer und Himmel ab. Öffentlich unberührt küsse ich im Mondschein meine aufgerollte Zunge, die mir treu geblieben ist. Aufgewühlt im rosa Kopfrauschen bin ich knackend wie auf Sendung. Ich hebe nicht die eine Hand, weil mir sonst die andere abfallen würde. Im Labyrinth meines Pulses irrt diese tief in mich eingedrungene Insel umher. Und ich mußte sie nicht einmal suchen oder gar finden. Sie ist einfach präsent und sei der Winkel auch noch so versteckt oder von mir selbst geheimgehalten.

Huschende Eidechsen schlingern im noch warmen Unterholz an die Oberfläche, dort, wo es noch wärmer ist. In den üblichen Nachtfarben ist mein Wunsch blutrot, mein Wunsch, dieses Land einzuatmen – und dann einfach zu platzen. Gleichnishaft, nicht abgeglichen, grinse ich mittellippig ein nicht allzu zaghaftes Lächeln. Es wird von Fledermäusen fächerförmig auseinandergeflattert. Für diesen einen Moment, nicht für die Ewigkeit. Widerstandslos versickere ich in meinem deutschen Blut und leuchte nicht ganz dicht im sardischen Mondlicht.

Das Mitsterben windet sich leichtfüßig dem Ursprung entgegen.

Alkohol auf der Insel. Ein sehr häufig angewendetes Hausmittel(chen) gegen Enge, Langeweile, Ohnmacht, Schwermut, fehlgeschlagene Ausbruchsversuche und mißlungene Rückkehrbemühungen. Auf Sardinien trinkt man sich nicht unter den Tisch, sondern man trinkt den Tisch unter sich. Die Alkoholismusrate ist anonym, aber sicherlich mit flaschenführend in ganz Europa. Einen weit über sich selbst hinauszutrinken ist auch noch im hohen Männeralter eher ein Lausbubenstreich, in der tagtäglichen Wiederholung plötzlich etwas eher Anonymes, als eine menschliche Tragödie.

Cesare ist Alkoholiker im freien Fall, kurz vor dem letzten Aufprall. Er trinkt noch nicht lange, aber dafür mit jeglicher Exzessivität, die ihm nur irgendwie möglich zur Verfügung steht. Abend für Abend trinkt er sich kreuz und quer durch die ganze Niedrig- und Hochprozentigkeit, immer strikt diszipliniert an seiner Komalinie entlang. Ein Roboter des Vollrausches in einem Meer von Scherben, Abfall, fettigen Haarsträhnen und sterbebereitem Urin. Ein kreischendes Fließband im Spitzenflaschenakkord. Er könnte sich helfen lassen, aber er will es allen ganz genau zeigen, daß er sich nicht helfen lassen will. Da gab es persönliche Schicksalsschläge nicht zu knapp, aber gerade auch die Gemeinde, die Gemeinschaft hat ihn verwundet.

Cesare, ein unumkehrbar angestochener Schmerzchronometer, der seine Wunde öffentlich ausbluten lassen will. Bevor er fällt, taumelt er nicht. Cesare spuckt die Überdosis Hochprozentigkeit aus und wischt sich das im struppigen Bart Hängengebliebene ohne Duldung von Widerspruch und Einmischung in die ausgerissenen Jackenärmel.

Wir kennen uns schon lange und sind uns nahe. Wenn ich als Ausländer Cesare die Hand reiche, lehnt er sie auch im größten Vollsuff noch bewußt ab. Er wird so lange konsequent trinken, bis sein Herz konsequent zu schlagen aufhört. Er ist vollkommen hilflos, aber sein Schmerz hat helferlos öffentlich zu sein.

Das ist es eben auch, dieser manchmal entmenschlicht übermenschliche, manchmal möchte ich sagen gottverdammte Stolz der Sarden.

Eingebettet zwischen afrikanischen Dachziegeln aus dem Mittelalter liegt staatenlos der türkische Mond. In Deutschland gibt es jetzt gerade noch Schnee zu Ostern. Hier riecht es plötzlich vollkommen nach Sommer. Nach wasserhungernder Myrthe. Nach fast verdurstetem Wacholder. Nach ausgedörrtem Fenchel. Nach wüstenresistentem Rosmarin. Nach prallfruchtigem Granatapfel.

Lautlos nachterfahren fallen Blüten auf die Erde, die todesduftend im Mondschein vertrocknet. Bald wird sie verstaubt sein. Schon im Untergrund riecht es nach dieser sengenden Hitze, die erst einmal lange bleiben wird. Der Sommer bringt die grobmassigen Touristenströme und den feinstofflichen Todesgau. Und ich hatte heute nichts besseres zu tun, als meinen Kopf aufzuzüchten. In dieser definitiver werdenden Dürre muß ich ihn wieder abzüchten. Das Sengende ist dafür ein brennend gutes Hilfsmittel.

Da sollte man mir fast schon viel Glück dabei wünschen, wenn ich bereits auf der Lebensleiter ununterbrochen abstürze und dabei permanent nach oben falle. Das ist auch für mich sehr verwirrend. Da verliere ich ab und an die Orientierung.

Eine weitere Nachtstille tut da gut. Manchmal ergibt sich daraus ein hochklassiges Lautlosigkeitsendspiel, wenn nicht gerade ein stark aufgebohrtes Moped durch die Nachtgasse dröhnt und die latenten Kopfschmerzen knatternd in patente Schwingungen versetzt. Ein viel zu sekündliches Verstummen, als daß ich stündlich hinterherkommen könnte, um täglich dabeizusein. Der türkische Halbmond gähnt grinsend den sardischen Nachthimmel an. Ich gähne zurück, obwohl ich gar nicht gemeint sein kann.

Von mir abfallend lehne ich mich an die schimmernde Dunkelheit. Auf meinem gestreckten Handteller rotiert eine frisch geschlüpfte Schildkröte, die ich gestern geschenkt bekommen habe. Verblüfft kreiselt mein staatenloses Augenpaar mit und muß die

Geschwindigkeit noch erhöhen. So wieselflink, wie solch eine frisch geschlüpfte Schildkröte ist, muß ich mich sehr konzentrieren, um einen Kuß auf ihrem Miniaturpanzer landen zu können.

Will man die, oder zumindest eine sardische Seele annähernd präzise erfassen, dann muß man es ruhig auch einmal derb ausdrücken. So, wie es einem eben erzählt worden ist:

Sardische Trachten, sardische Gesänge, sardische Tänze, sardische Prozessionen, sardische Gottesdienste, sardische Traditionen, sardische Regionalwahlen, das nächste Referendum nach dem letzten Referendum. Das sei doch alles nur ein ganz mieses Stück Sonntagsscheiße, meint der alte Contadino, der alte Landarbeiter, zu mir. Weil die Menschen, die hinter dieser Sonntäglichkeit stecken, Halsabschneider, Strauchdiebe, Glaubensmetzger, Einlullheuchler, Abzocker und Betrüger seien. Diese sonntäglichen Menschentitel habe ich sprachlich bewußt gemäßigt wiedergegeben, weil zwischen derb und vulgär ungefähr die Gleislänge der Transsibirischen Eisenbahn liegt.

Er, der alte Contadino, sei doch nicht blöd und nähme ausgerechnet auch noch an einem Sonntag an so etwas teil. Schließlich gäbe es ja auch mit Schicksal keine Extrabeerdigungen. Nein, sonntags fährt er raus. Weit weg raus. Nicht auf das Land, so wie ich es vielleicht tun würde, sondern in eine größere Stadt.

Und gönnt sich dort lieber so einen richtig schönen Sonntagsfick bei einer richtigen Prostituierten. Das frischblühenste, unverbrauchteste Fleisch käme inzwischen eindeutig aus Rußland. So ein Orgasmus im fortgeschrittenen Alter, er mag so um die fünfundfünfzig sein, der alte Contadino – sei immer noch ein Leben lang lebendiger als blumengeschmückte Boote, die mit dem besonders blumengeschmückten, im Bug stehenden Pfaffen den nun urplötzlich geweihten Fluß zur Meeresmündung hinunterschippern. Für so einen Orgasmus dusche er am Sonntagmorgen wie entkreuzigt, rasiere er sich, was er sonst die ganze Woche nicht getan habe, putze er wie entfesselt seine Zähne und kröne seine sich präparierende Vorfreude mit Duftwässerchen, die nach alten, sardischen Rezepten von ihm höchstpersönlich zusammengemixt seien. Dabei lacht er in einem erwartungsvoll frontalen Glück, das ihm fast schon nicht mehr ausweichen kann. Heute ist schon Samstag. Der alte Contadino klopft sich aufreibend, wie schon in den Sonntagnachmittagsbewegungen in einer größeren Stadt, auf die Schenkel und gibt seine reihenweisen Zahnlücken preis. Er findet es Merda, Scheiße, daß ich morgen unbedingt auf die Flußprozession gehen will und versucht mich hartnäckig, zu einem Brocken russischen Frischfleisches zu überreden. Er hätte mir auch auf jeden Fall mit seinen Duftwässerchen ausgeholfen.

SPAZIERGÄNGE IM WIDERSTAND

Ich könnte mir täglich die Tage vorzählen, die mir noch auf der Insel bleiben. Jeden Tag eine Zahl niedriger. Nicht, daß ich morgen oder nächste Woche schon abreisen müßte. Aber das eine oder andere kindlich befreite Lachen ist mir bereits entfallen. Das Gefälle in meinem Magen bekommt einen Hang zum Flüssigkeitspressing. Mein sardischer Bruder Toni kommt eine Spur schweratmiger zu Besuch. Der Gesichtsausdruck meiner Frau verlängert sich manchmal schon nachdenklich in die weiter nach hinten schreitende Dämmerung hinein. Sebastiano klopft mir jetzt häufiger stumm auf die Schulter. Die alte Frau, die nebenan wohnt, sucht jede Kontaktnische, die Zeiten des murmelnden Zusammenstehens verdichten sich. Ich denke viel an Pietro. Nicht an sein Grab, sondern wie das wäre, wenn er heute noch leben würde. Wieder häufiger verengen sich meine Augen, das Gegenlicht wird greller. Jede Begegnung bekommt einen leichten Schatten. Ich schwitze nicht mehr schwarzweiß, sondern trüber. Das kalte Büffet in meinem Kopf ist eröffnet.

Im drohenden Abschied von der Insel tritt zunehmend an meiner Stelle melancholische Überschwermut das Gaspedal durch. Das ist dann nicht die Zeit der sichersten Straßenlage. Das geht mir immer so, unabhängig von der Länge der Zeit, die ich auf Sardinien verbracht habe, aber je länger, desto schlimmer. Das sind Gewichte, die ich nicht mehr einfach so und so einfach hochdrücken kann. In jedem Weitblick ist schon das Schwergewicht des Abschiedes gespiegelt. Auch ein Nahblick lenkt von den faktischen Gewichtsverhältnissen kaum mehr ab. Nur am Meer sitzend ist es etwas leichter. Aus den Augen tropfen die Wellen, die am Herz vorbeigeflossen sind. Nichts geht verloren. Die Horizontlosigkeit vermittelt mir das Gefühl, eine kräftige Brühe zu trinken. Ohne Münzen einwerfen zu müssen, parke ich in ewiger Weite. Was ich vom Meer empfange, gehört mir nicht, ich kann es unbedenklich mit der nächsten anrollenden Welle wieder fortspülen lassen. Das hat keinen Anfang, und ein Ende hatte es noch nie. Die tiefen Salzspuren auf den mithinabgerollten Wangen brennen rhythmisch vor und zurück. Das Meer reduziert mich auf das, was ich bin. Ein Nichts. Das ist der Punkt, der es leichter macht. Soll ich mich dann wegen einer Deutschland-rückkehr tatsächlich noch um einen schmerzvolleren Herzschlag kümmern?

Piolo ist ein Durchunddurchsarde. Der sagt dir auch schon einmal direkt ins Gesicht, daß du eben Sardisch lernen mußt, wenn du schon meinst, daß du den Worten der Einheimischen folgen willst. Sardisch. Nicht Italienisch. Schließlich bist du ja auch „sull'isola", auf der Insel, und nicht „sul continente", auf dem Festland, auf dem in allen Belangen weit entfernten Kontinent.

Ich finde, daß diese Aufforderung ihre volle Berechtigung hat. „Su entu", das sardische Wort für Wind, hört sich mindestens so melodiös an wie „il vento", die italienische Entsprechung. Und ein Sarde ist kein Italiener, sondern ein Sarde.

Piolo ist ein Durchunddurchsarde. Hat er dich in dein Herz geschlossen, dann kommst du aus diesem Ort keinen Millimeter mehr raus. Ganz im Gegenteil. Selten habe ich jemanden kennengelernt, der so durchdringend ehrlich, so transparent herzlich statt wertend, so unumschränkt gastfreundlich und so unwiderstehlich stolz ist. Jemanden, der so selbstverständlich sardisch ist.

Vor vier Jahren hat Piolo seine Heimat verlassen, la Terra Sarda, la Terra Santa. Er folgte der Liebe seines Herzens, einer deutschen Frau, und arbeitet als Landschaftsgärtner in einer süddeutschen Stadt. Eine sehr gefragte und sehr geschätzte Kraft, da die Sarden nicht nur gekonnt in der Landschaft herumgärtnern können, sondern durch ihr vom Inselleben geprägtes Improvisationsgeschick natürlich auch wissen, wie man liegengebliebene Maschinen wieder zum Laufen bringt und scheinbar immer im richtigen Moment die zündende Idee für berufsfremde Defekte oder artentfremdete Schäden haben.

Piolo ist der einen Liebe seines Herzens, einer deutschen Frau, gefolgt und hat die andere Liebe seines Herzens, sein Land, verlassen. Er bereut seine Entscheidung nicht. Auch wenn er oft schweratmend vor diesem letzten Glas Mirto von der letzten aus dem Sommerurlaub in der Heimat mitgebrachten Flasche sitzt. Er weiß es felsenfest in sich:

Eines nicht mehr allzu fernen Tages wird er nach Sardinien zurückkehren. Mit seiner deutschen Frau. Er wird mit seiner einen Herzensliebe wieder zurück in seine andere Herzensliebe gehen. Das letzte Glas Mirto wird immer voll sein. Eine denkbare Annäherung an die Ewigkeit.

Direkt über dem noch warmen Nachtboden, ein ganz leiser, unsichtbarer, sardischer Untergrund.

Anfang der siebziger Jahre wurde der Schwede entführt. Er hatte mit viel Schmiergeld, natürlich auch mit viel Geld, eine ganze Ferienhaussiedlung in weniger als einem Jahr aus dem Boden stampfen lassen. Nachdrücklich wurde die Lösegeldforderung mit seinen abgeschnittenen Ohren erhöht. Eines schickte man mit einem Boten seiner Ehefrau, das andere versandte man per Post an das staatliche Fernsehen. Das Lösegeld wurde bezahlt, der Schwede hat die Insel nie wieder betreten.

Heute sind es Maschendrahtzäune aus Spezialmaterial. Sie sollen den Tourismus in einer Art Hochsicherheitstraktverfahren einfrieden, werden dann aber Nacht für Nacht hartnäckig von unsichtbaren, sardischen Zähnen durchgebissen. Eine nicht vergleichbar dramatische, dafür gewaltfreie, darüberhinaus und gerade auch deshalb sehr mutige Form von Widerstand. Die drastischen Strafen hierfür sind immer wieder unkalkulierbar erhöht worden.

Wenn ein Ort oder ein Landstrich sich dafür entscheidet, Tourismus mit all seinen Frühschäden und Spätfolgen zuzulassen, dann muß der Tourismus zeitlich, örtlich und vor allem ideell so dosiert werden, daß die Bewohner dieses Ortes oder dieses Landstriches die Möglichkeit haben, in den wachsenden Tourismus *mit* hineinzuwachsen. Ist dies nicht gegeben, dann zerstört der Tourismus Tradition, Ethik, Stolz, Ehrlichkeit, Anstand und Identität. An deren Stelle tritt Verrat, Kriminalität, Seelenverschmutzung und Überreaktion. Die Verhältnismäßigkeit der Mittel gerät unkontrollierbar aus dem Gleichgewicht.

Dann werden keine Maschendrahtzäune mehr Nacht für Nacht hartnäckig unsichtbar durchgebissen. Dann wird dem amerikanischen Goldschürfer mit Millionärsgehabe die schwere Bombe direkt in sein Schlafzimmer serviert. Dann wird dem Animateur aus Österreich das Auto flächendeckend mit Schrot durchlöchert, nicht vergessend, in die zersplitterte Windschutzscheibe die Überreste eines noch ausblutenden Schafskopfes hineinzuhängen. Damit auch wirklich unmißverständlich klar ist, wer das nächste Sieb sein wird. Dann wird dem deutschen Kellner einmal rasch der Garten planiert, ohne dabei sonderlich Rücksicht auf den fundamentalen Grundriß seines Hauses zu nehmen.

Nacht ohne Nebelaktionen, Tag ohne Tiefdruckhandlungen?

Nein. Es bricht der nackte Hochdruck ohne Überlaufventil und Ausgleichsgefäß durch. Abscheulich, verwerflich, tragisch, dramatisch, schockierend. Und doch zumindest mental nachvollziehbar. Mit „mental" betone ich ausdrücklich, daß ich weder Gewaltbefürworter noch Gewaltverherrlicher bin. „Mental nachvollziehbar" heißt, daß die Reaktion einzelner Sarden sicherlich nicht mit einer Psychopathen-Anamnese zu erklären ist. Wenn der eine oder der andere Sarde nicht die Möglichkeit hat, das Ungewollte von Anfang an zu boykottieren – diese fremden Anfänge in seinem eigenen Land – dann fackelt er auch nachgeburtliche Endprodukte rigoros ab. Auch wenn er damit nicht nur das zerstört, was er nicht haben will, sondern auch jenes, was er haben will – die Unberührtheit der Erde, in die er hineingeboren worden ist.

Ich Tourist ich, lasse auch nachts meine Tür weit offen stehen. Wissend, daß die meisten Kanaldeckel auf Sardinien in Salerno hergestellt worden sind. Wissend, daß die meisten Kanaldeckel in Deutschland aus Kaiserslautern stammen. Wissend, daß eine offene Tür eine offene Tür ist.

Dort draußen vor der offenen Tür ist es unheimlich still. Die Atlantikbrüllerei des Meeres hat sich in die schweigsame Mittelmeerwiege zurückverwandelt. Kein Ast knackt. Kein Blatt raschelt im Wind. Kein Grashalm wächst ins Mikrophon sprechend.

Neben den Reaktionen und Überreaktionen auf Tourismus existieren dort draußen immer noch Omertà und Vendetta. Schweigen und Blutrache. Innersardische Angelegenheiten, die mit irgendwelchen äußeren Einflüssen rein gar nichts zu tun haben. Wenn drinnen nicht der Kühlschrank so zuverlässig vertraut vor sich hinbrummen würde, dann wäre ich jetzt in der sensitiven Abseitsfalle. Klar, wenn dieser Kühlschrank von Zeit zu Zeit unberechenbar rülpst, dann halte ich auch nicht gerade still wie ein Neugeborenes beim Nägelschneiden. Ich habe keine Angst, nur:

Auch in einem Jahr Zweitausend sind manche Nächte, genau die zwischen Omertà und Vendetta, genau die auf der Gratwanderung zwischen Reaktion und Überreaktion, unheimlich still.

Erika und Willy kommen seit acht Jahren nach Sardinien. Immer im gleichen Ferienhaus, immer von Mitte Januar bis eine oder zwei Wochen nach Ostern. Dann wird es ihnen zu heiß.

Erika und Willy haben zusammen elf Enkel und fünf Urenkel. Sie sind beide fast achtzig Jahre alt. Jeweils, versteht sich, Willy hat noch die längere Alterungsstrecke bis zur Vollendung des betreffenden Jahrzehntes vor sich. Das Ferienhaus liegt alleinstehend und frei auf einem Hügel, mit einem wunderschön unverbauten Blick auf den Golf von Orosei. In den Wintermonaten taucht die Morgensonne erfrischt aus den faltenreichen Wellenteppichen auf und scheint Erika und Willy in ihrem Ferienschlafzimmer direkt ins Gesicht. Zum Haus hoch führt nur eine grobe Schotterpiste, deren Schlaglöcher eine Geduldsprobe auf dem Terrain der Entdeckung der Langsamkeit sind. Der nächste Nachbar wohnt fast einen Kilometer entfernt. Kein Arzt, kein Laden, keine Bar, kein Telefon in der Nähe. Nur Wind, Kakteen, Pinien, Oleander, meterhohes Schilfrohr und dieser wunderbare Blick auf den Golf von Orosei.

Diesen Mut und diese Naturverbundenheit bewundere ich aufrichtig und nehme mit großer Freude daran teil, was in solch einem stolzen Alter noch alles möglich ist. Klar, Erika und Willy gehen nicht mehr baden oder surfen oder nach zweiundzwanzig Uhr noch in die Diskothek. Aber jeden Tag nach der Siesta nehmen sie sich bei der Hand und laufen fast bis zur Abenddämmerung durch die wildherbe Tollwut der Natur. An jeder Knospe freuen sie sich wie kleine Kinder. Sie achten streng darauf, keine Zivilisatiosspuren zu hinterlassen. Manchmal setzen sie sich auch ins Auto, das Willy von Deutschland aus über tausend Kilometer bis in den Hafen von Genua gefahren hat, und unternehmen kleine Ausflüge in die weitverzweigten Nachbarschaften. Am Abend schauen sie die deutschen Nachrichten an, und Willy verfolgt intensiv das Meisterschaftsgerangel von Bayern München. In der Bundesliga, in der Champions League und im DFB-Pokal. Pro saisonalen Aufenthalt bringt sich Willy jedesmal fünf oder sechs tausendteilige Puzzlespiele aus Deutschland mit. Während Erika strickt oder liest, macht er an windigen, regnerischen Vormittagen Bilder mit deutschen Motiven daraus, klebt sie auf Spanplatten und verschenkt sie dann. Als ich in diesen Tagen einen sardischen Freund in seinem Zuhause besuche und neben dem offenen Kamin ein auf eine Spanplatte geklebtes Puzzlebild mit dem Motiv von Schloß Neuschwanstein darauf sehe, frage ich einfach: „Willy?“ Mein sardischer Freund grinst stumm und wiegt seinen Kopf in einem Nicken.

Erika und Willy lieben sich noch immer, sind immer noch wie Blüten. Das spürt man in jedem Blick, in jeder Geste, in jedem Schalk, den sie wechselseitig, fast pausenlos praktizieren. Im Zweiten Weltkrieg waren sie zusammen zweiunddreißig Jahre alt, mit dem Heute sind fast einhundertsechzig Jahre daraus geworden. Erika kann sich mit der sardischen Hausherrin, eine tiefenbalsamiert liebevolle Seele, glänzend auf Französisch unterhalten. Beide waren lange auf Gastarbeit in Südfrankreich. Willy spricht auch nach acht Jahren außer den Begrüßungs- und Dankesformeln kein Wort Italienisch. Es stört ihn auch nicht. Er unterhält sich auf Deutsch mit den Sarden, die Italienisch mit ihm reden.

Am Vormittag vor ihrer Abreise besuche ich Erika und Willy noch einmal. Ein heißer Vorsommertag. Die Schotterpiste staubt Mehlpartikel. Die Grillen werden gleich stumm in Zweierreihen in die Siesta abrücken. Der Himmel ist schon hitzebleich. Tiefblau knallt der Golf von Orosei in die buntblühende Macchia hinein. Jedes Jahr bringt Willy selbstgebrannten Obstler aus Deutschland mit. Birne und Pflaume. Als er mir aus seiner fast leeren, vorletzten Flasche zum Abschied ein Gläschen einschenkt, meint er anerkennend nickend, daß dieses Mal der Winter sehr mild gewesen sein muß. Er hat dieses Jahr nur elf, statt den bisher üblichen zwölf Flaschen für sich und die Amici gebraucht.

Das hat er am eigenen Leib glänzend mitverfolgt, Willy.

Der Winter ist tatsächlich ausgesprochen mild gewesen.

Erschöpfte Schlaflosigkeit nach den nachösterlichen und vorpfingstlichen Festivitäten. Mit den Familien und den Freunden „nella campagna“, auf dem Land. Mit über dem Feuer gerösteten Lammfleisch oder mit Kaninchengulasch in Olivensauce. Mit Vino Rosso, Limoncello und Mirto. Mit den draußen verbrachten Stunden zwischen Lachen und Lachen. Mit der Leichtigkeit des Seins und der Schwerelosigkeit des Unseins. Und jetzt mit dem dringenden Bedürfnis nach einem Tag ohne Menschen.

Dösen am Schwarzwolkenstrand im warmen Sand, unter zaghaften Regenrinnversuchen aus zögerlichen Himmelsschleusen. Subtropisch verschweißt im windstillen Wegdämmern. In eine Welt aus Gott und eigener Endlichkeit hinein. Aus einer Welt von Allmachtsunendlichkeit und Lebendigkeitsgrenzen heraus.

Da ist es wahrlich nicht die Frage, ob es Gott gibt oder ob es Gott nicht gibt. Trotzdem kreiselt jetzt genau dieser Fragebogen in meiner Abdriftspur. Seit Jahrhunderten diskutiert man kontrovers über das allgemeingültig zu seiende Ausweichmanöver einer höchst individuellen Spiritualität. Gibt es Gott, gibt es ihn nicht? Eine Grundsatzdiskussion ohne eigentliche Eigentlichkeit. Ein Thesenattentat ohne bombensichere Zündung. Ein leichenstarrendes Statut ohne seelenpraktische Simultanübersetzung. Eine Golddukatenvergangenheit ohne gegenwärtig echte Armutszertifikate.

Gott, es tut mir fast leid, ich konnte meine Seele nicht mehr bei mir behalten. Ja Gott, dann bin ich nicht mehr erpreßbar.

Gibt es Gott? Gibt es Gott nicht? Wenn man so ganz praktisch lebt und so wie jetzt am Schwarzwolkenstrand döst, was spielt das theoretisch für eine Rolle? Noch? Dann? Ist der Generationsgenerator zwischen einem Espresso und dem Rädelsführer Realität nicht einfach nicht mehr und nicht weniger als der Flügelschlag eines Schmetterlinges?

Der Meerpuls bleibt. Mein Herzschlag fließt. Die Schaumkronen auf dem Meeresspiegel, die hoffentlich noch ein paar tausend Jahre bleiben werden, wachen über meine göttliche Gottlosigkeit und über meinen heidnischen Gottesglauben. Ich huste, und sofort verschluckt die Brandung meine Sprachlosigkeit. Ich glaube, und sofort verschlingt die Salzgischt mein stummes Bekenntnis.

Unter mir, über mir, neben mir, um mich herum – Unendlichkeit.

Allein am Strand bin ich der einzigst endliche Punkt.

Über dem Centro Storico von Orosei hängen auf den drei höchsten Hausgiebeln noch drei alte Lautsprecher. Bis vor zehn Jahren konnte hier jeder für zehntausend Lire zu bestimmten Uhrzeiten eine öffentliche Durchsage machen. Jeder, unabhängig von Beruf, Status, Geld, von der Klassenzugehörigkeit und vom Beliebtheitsgrad. Der Metzger, der sein letztes Sonderangebot kurzentschlossen doch noch einmal um weitere tausend Lire gesenkt hat. Der Bürgermeister, den das im dampfenden Darmbereich drückende Gefühl beschlichen hat, daß er die knapp bevorstehende Wahl nun doch nicht knapp gewinnen könnte. Der zornige Patriot, der zum entschlossenen Widerstand der Dorfbewohner gegen die Verschmutzung der sardischen Erde mit Nato-Militärbasen aufgerufen hat. Der Verliebte, der sich um seine Liebe öffentlich beworben hat. Der Fischer, dessen Sohn erkrankte und der für die nächste Nacht auf See eine Hilfe gebraucht hat. Der Pfarrer, der mehr gläubige Disziplin und Gottvertrauen auch außerhalb der Kirchenbänke gefordert hat, vor allem mehr gläubige Spendendisziplin und mehr Almosengottvertrauen. Der Schafhirte, dem Teile seiner Herde gestohlen worden sind und der deshalb um Schrotflintenunterstützung in der männlichen Bevölkerung gebeten hat. Der Barbesitzer, der anläßlich seiner Verlobung eine sperrzeitfreie Nacht lang Freiwein ausschenken wollte. Der Polizeipräfekt, dem sein Auto in die Luft gesprengt wurde und der anläßlich dessen um die aufklärerische Mithilfe der Bevölkerung bestechend geworben hat. Und Pietro, der eine ganze Serie von Durchsagen gemacht hat. Über Solidarität, Klassenkampf und gewaltfreien Widerstand. Über die Notwendigkeit, daß sich das sardische Volk jetzt nicht schon wieder besetzen lassen darf, vom Continente, von der Korruption und von der Mafia. Über die Selbstverständlichkeit, Gäste respektvoll und freundlich zu empfangen, ohne sich selbst zu erniedrigen. Über den Grundsatz, den Neuerungen nur dann bedenkenlos folgen zu können, wenn dabei die Grundpfeiler der sardischen Seele nicht aufgegeben werden.

Pietro sprach über die Liebe zwischen Auge und Zahn. Und über das scheinbare Paradoxon, daß statistisch gesehen ein Mythos immer sehr nahe bei der Wirklichkeit liegt. Auch vor dem Mikrophon, das in einen dieser drei Lautsprecher mündete, sprach Pietro nie über sein eigenes Schicksal, sondern immer für den Nächsten neben ihm. Nur einmal in seinem Leben, kurz vor seinem Tod, wich er von diesem Prinzip ab. Da sprach er theoretisch von seiner Beerdigung, die er vielleicht schon praktisch vor Augen hatte. Nichts Schneeweißes, nichts Tiefschwarzes, keine Wachsfigurenprädikate in dumpf murmelnden Glaubenssyndromen. Eine eher heiter-besinnliche Feierabendserenade ohne künstlich gezüchteten Ministrantendienst und gepfarrten Baritonstimmenstammelgebimmel. Eine stille Feiertagsruhe ohne verwirklichten Urlaubsanspruch. Ein Gehenlassen mit einem nachdenklichen Lächeln im Gesicht.

Einer dieser drei Lautsprecher hängt auf dem Hausgiebel des Nachbarhauses, neben dem ich wohne. Nachts, wenn ich oben auf der Dachterrasse sitze, starre ich ihn oft an und grüße Pietro. Schmerzvoll lebendig und respektvoll mitgestorben. Mit einem nachdenklichen Lächeln im Gesicht.

Die Brandung frißt sich salzverkrustet in den Strand hinein. Zwischen mir und dem aus dem Meer wachsenden Vollmond, die hechelnde Glutluft eines Lagerfeuers, welches ich aufgrund des heftigen Südwindes tief in den Sand eingegraben habe. Aufgebracht wühlende Wellen im gleißenden Angesicht von rotglühenden Luftströmungen, unter einer blutorange durchdrungenen Mondscheibe. Ein überraschend tiefgreifender Optikknick zwischen der Zweidimensionalität einer Scheibe und einer Art Vierdimensionalität zwischen auskochenden Luftgirlanden und gischtverquirltem Wellenabdrift. Je länger ich zwischen der Zwei- und Vierdimensionalität hin und hin und hin und hersehe, desto fassungsloser werde ich. Der einst sicher im Sand plazierte Hintern verliert den festen Boden unter den Backen. Keine

Einschätzbarkeit, keine vorhersagbare Richtung und kein Gefühl für ein Zentrum mehr. Ein der Natur ausgeliefertes Rotieren in einem Karussell, das keine Achsen, keinen Radius und kein erklärbares Drehmoment mehr hat. Feuer, Erde, Luft und Wasser wirken gleichzeitig zusammen und sofort bin ich aufgewirbelt entwurzelt. Ich entschwinde. Ich verschwinde in einer Dimension, die ich nicht erfassen kann, auch wenn alle meine Sinnesorgane gleichzeitig zusammenwirken. Augenblicklich ist mein Kopfinhalt rationalitätstot. Und ich schwindle nicht, wenn ich dabei feststelle, daß mir urseelenzentriert schwindelig wird. Da kann ich mir nur noch handwärts an mein Herz fassen, blind darauf vertrauend, daß mein Herz diese Hand auch nehmen wird.

Da ist sie endlich, die Welt ohne Fundament. Die Urwelt mit vermuteter Schwerelosigkeit. Da ist es endlich, das Gegenprinzip von Statik und Erklärbarkeit, das Gegenteil von Gleichgewicht und Überprüfbarkeit. Das ultimative Betonmärchen unter der roten Kappe eines schwarzen Wolfspelzes.

Rein zufällig stelle ich fest, daß ich noch atme.

Erstaunt erkenne ich, daß das in dieser Dimension keine Rolle spielt.

Inzwischen ist fast Ende Mai. Für eine Woche arbeite ich in einem sardischen Treibhaus. Sämtliche, vor zwei Wochen gesetzten Paprika- und Auberginenpflanzen müssen auf Drahtleinen hochgebunden werden. Es ist eine Arbeit auf über zweieinhalb Meter Höhe. Mit meiner Körpergröße von Einmeterzweiundneunzig kann ich sie mit gestreckten Zehenspitzen gerade noch ohne Leiter bewältigen. Wahrscheinlich geriet mir meine körperliche Gesamtlänge zum Vorteil, daß mir diese Arbeit angeboten wurde. Der Durchschnittssarde ist über zwanzig Zentimeter kleiner als ich und muß Leitern benutzen. Ich muß nicht wegen jeder einzelnen Pflanze hoch- und runter-, runter- und hochsteigen. Eine Reihe hat circa zweihundert Pflanzen, circa zwanzig Reihen liegen vor mir. Meine Körperlänge spart Zeit. Und auch hier ist Zeit leider schon Geld.

Das Treibhaus steht von Sonnenauf- bis fast zum Sonnenuntergang in der prallen Sonne. Die sardische Ende-Maisonne ist weitaus stärker als die deutsche Ende-Juli-Mitte-Augustsonne. Mein erster Arbeitstag im Treibhaus haut mich fast aus den Socken, die ich danach gerade so noch anhabe. In einer subtropischen Sauna ständig auf Zehenspitzen über Kopf zu arbeiten, ergibt ein körperverschweißtes Vollkontakt-T-Shirt. In den nächsten Tagen fange ich schon vor Sonnenaufgang zu arbeiten an. Das ist dann zunächst lässig entspannt, aber dem Backofen in der Nachmittagsbrut entgehe ich damit auch nicht. Wenn ich am Nachmittag vor die Tür des Treibhauses trete, um eine zu rauchen, friere ich bei über dreißig Grad im Schatten. Die Sarden machen das Tag für Tag. Auch im August. Bei Außentemperaturen zwischen vierzig und fünfundvierzig Grad stehen sie da drin, in dem Hitzeinferno, und schwitzen sich fast die Persönlichkeit aus dem Leib.

Als vordergründig magerer Typ weiß ich jetzt schon, auch weil es mir mein netter, sardischer Arbeitskollege gleich am ersten Arbeitstag brühend heiß erzählt hat, daß ich am Ende der Woche mindestens drei Kilogramm weniger auf den Rippen haben werde. Auch mit Bierbauch, den ich ja nur haben würde, wenn ich die dafür notwendige Biermenge wahllos in mich hineingeschüttet hätte. Stundenlang stehe ich da drinnen über Kopf, tripple mich auf Zehenspitzen mit zusammengekniffenen Arschbacken durch die Reihen, forme, ohne hinzuschauen, hoch über mir eine blinde Auswahl an Seemannsknoten und komme zu keinem Zeitpunkt hinter mir hergeschwitzt. Am Nachmittag ist in der Mitte des Treibhauses der Backofen in vollglutigster Dampfpracht, ist die Schmerzstrecke am schmerzhaftesten. Das Meditative daran für mich ist, daß mit dem nicht versiegenden Schweißfluß der ganze Kopf gleich mitwegschwimmt. In diesen Nachmittagsstunden ströme ich kopflos davon. Wenn Meditation eine Form ist, um zu sich zu kommen, dann kann ich am besten ohne Kopf zu mir kommen. In dieser gellenden Nachmittagsgrelle bin ich wie weggetreten. Manchmal schrecke ich auf und frage mich dann erstaunt so wichtige Dinge wie zum Beispiel: „Wie groß ist jetzt noch einmal der exakte Abstand der Paprikapflanzen?“ Daran merke ich ganz deutlich, daß ich zwar Deutscher bin, aber überhaupt kein Geodreieck und keinen Rechenschieber mit nach Sardinien genommen habe.

Der alte Sarde, mit dem ich arbeite, ist mein Pflanzenlehrmeister. Mit viel Geduld, Eindringlichkeit und Leidenschaft erzählt er mir alles über die richtige Reihenfolge in der Wachstumsbegleitung. Er zeigt mir, welche Triebe man abknicken muß, damit die Kräfte direkter in die Frucht gehen. Er erklärt mir die unterschiedlichen Bodenbeschaffenheiten mit ihren differenzierten Effekten. Er verschweigt mir auch nicht die chemischen Endabrechnungskeulen,ohne die man auch auf Sardinien nicht produktiv wirtschaften kann.

Der alte Sarde erzählt mir auch, daß im Treibhaus zwei Schlangen wohnen. Ein Pärchen. Bestimmt nicht giftig. Sofort achte ich in der ganzen Hochbinderei auf jeden meiner Schritte, was auch optisch eine komische Nummer abgibt. Eine Art sardischer Schuhplattler in Zeitlupe. Irgendwann falle ich wieder in diese überhitzte Meditation, in der ich mich dann eher mit Vogelfluglinien als mit spitzen Schlangenzähnen beschäftige. Bezeichnenderweise habe ich am nächsten Tag festes, hochgeschnürtes Schuhwerk an. Obwohl ich weiß, daß es auf Sardinien zwar eine giftige Spinnenart, jedoch keine Giftschlangen gibt. Der alte Sarde sieht auf meine Schuhe und lacht. Sie gleichen den seinigen auf das Haar.

Wenn wir am Abend mit der Arbeit fertig sind, dann rauchen wir draußen noch zwei, drei Zigaretten, deren Dunst wir mit schwerem Rotwein mischen. Unsere T-Shirts sind dunkelgefärbt und mit leuchtenden, weißen Schweißschlieren durchzogen. Stolz, da durchgegangen zu sein, das auch noch mehr als aufrecht, blicken wir auf das Abendland und haben das Gefühl, Teil einer archaischen Geschichte von ganz früher zu sein. Wir haben echten sardischen Boden unter den Füßen. Sanft streichelt der Wind über die Gänsehaut längst vergangener Generationen.

Nach drei Tagen habe ich ungefähr dreitausend Pflanzen über meinem Kopf verknotet. Deutlich habe ich erfahren, daß Schweiß kein kaputtes Kreuz und keine ruinierten Nackenmuskeln ölt. Nachts träume ich von Seemannsknoten, die mir nicht gelingen, Alpträume, wie ich stundenlang an einer einzigen Schlinge erfolglos herumfingere. Einmal träume ich, daß ich frühmorgens das Treibhaus betrete und alle am Vortag hochgebundenen Pflanzen zerstört am Boden liegen.

Wenn Antonio, unser Chef, nach uns sieht, schwitzt er immer eine ausgiebige Runde mit uns. Das macht ihn noch viel sympathischer, als er mir ohnehin schon ist. Bei Antonio spürt man sofort, daß er den grünen Zweig in sich trägt und ihn mit sensiblen Händen nach außen weitergibt. Er scherzt mit uns, er schwitzt noch mehr als wir, er bricht die Reihenrekorde, er schenkt uns jeden Tag Früchte und Gemüse. Er ist Sarde.

In den nächsten Wochen wird der alte Sarde, mein Pflanzenlehrmeister, Weinreben und Schilfrohre unter freiem Himmel binden. Er erklärt mir jetzt schon die Handgriffe, die Fruchtstände, das jeweils zu Berücksichtigende und das Endstadium. Und ich soll nach Deutschland zurück.

Vaffanculo. Wer soll mich da noch am Arsch lecken?

Sardinien ist ein Weingefechtsstand direkt an der Front. So wie ich täglich meine Unterwäsche wechsle, wechsle ich die vorzüglichen, sardischen Weine wie auf einem rochierenden Schachbrett aus streng angeordneten Farbskalen. Von rubinrot nach weiß, über sandgelb und rosé wieder zurück nach rubinrot, dem oft nur noch ein staubtrockenes Blutrot folgen kann. Das ist wie energisch vor die Tür zu treten, um diszipliniert seinen eigenen Aufschrei zu befreien. Wie eingeöltes Rotgold rinnt die vergorene Traubenladung über die geschmacksexplodierende Zunge in die Kehle hinab. Grillen zirpen, Fledermäuse flattern, Schnee-Eulen schwitzen. Im Schloßhof des sternenklaren Nachthimmels riecht es nach Granatäpfeln, Schafsdung und muskatnussiger Meeresbrandung. Die

Nacht bellt, der Mond krächzt, die Sterne zirpen, die Wolken quaken, der Wind schreit, die Brandung flattert, meine Augen schwitzen. Sardinien ist ein tierisches Land.

Schwarze, dächerlose Himmelshütten werden von meinem überlaufenden Seelenmosaik geblitzt. Da muß ich auf keinen Auslöser drücken. Der morallose Restverlust meines zerstückelten Körperumhanges ist auf Dauerbetrieb gestellt. Auch laut Horoskop müßte ich jetzt erst einmal in eine Depression verfallen. Ja, fast dringend sogar.

Auf Sardinien ist schon der Hauch von Sommer eine vor Hitze sprudelnde Schweißwasserflut. Schon vor dem saisonalen Startschuß produzieren übermotivierte Generatoren in der zentralen Sahara Starkstrom aus Wüstenstürmen. Eine kostenlose Backofenglut aus erlesen gerösteten Molekülen. Eine frühreife Hitzeachterbahn, mit einer einzigen Geraden, auf der ausgerechnet du dich jetzt bewegen mußt. Kurz vor dem Ziel, vor irgendeinem Ziel, bist du siegessicher verdorrt, ohne etwas davon mitbekommen zu haben. Ja, geschwitzt haben mußt du schon, so kristallen salzverkrustet sich die Summe deiner Hautporen anfühlt. Lechzend dröhnst du in den nächsten Schatten und fließt dann dort in hüpfenden Schweißkaskaden spielend auseinander. Die Wüste lebt, aber so richtig kommst du an deinen eigenen Kadaver auch nicht mehr heran. Ständig glitscht du patschend ab. Da atmest du schon wieder ein, ohne ausgeatmet zu haben. Schattenlos im Schatten sitzend bündelst du Energie und explodierst. Du bist jetzt mit der Glut. Verloren hast du, wenn du dagegen bist.

Wenn der Wind übergangslos plötzlich noch heißer wird, brennt es. Irgendwo. Nicht sehr weit weg von dir. Flächendeckend. Alles wegfressend, was noch lebt und bereits schon tot ist. Für diesen Sommer ist die Prognose für Brandkatastrophen verheerend. Die Wintermonate, in denen es hätte regnen sollen, sind fast sommerlich trocken geblieben. Aber Sardinien ist bestens gerüstet. Der politischen Waagschale der Insel gelang es mit viel Erfolg, auch dank der null und nichtigen Unterstützung durch die römische Zentralregierung, ganze zwei Löschflugzeuge zu organisieren. Sollte ich nächstes Jahr wiederkommen dürfen, kann ich dann das kostbare Juweleneiland auf dem Hauptinselfriedhof der Unesco kulturerblich besuchen.

Die letzte Pinie einer jahrtausendealten Kultur, weltweit unter Denkmalschutz gestellt. Nein, dafür werde ich keinen Eintritt bezahlen.

Dafür ist mir die Insel viel zu ewig.

SCHREIENDE WÄNDE DES SCHWEIGENS

Aufmunternd depressiv halte ich unterwegs an. An einem dieser Supermercati zwischen Stadt- und Straßenrand, die sich vom Zeitrahmen der Siesta unabhängig gemacht haben, kaufe ich nachmittags um drei mein letztes Paket „Ichnusa“, das einzige sardische Bier auf Sardinien. Das Wort „Ichnusa“ kommt aus dem Griechischen und bedeutet in etwa „Abdruck einer Sandale“. Es beschreibt damit einer der vielfältig überlieferten Entstehungsmöglichkeiten von Sardinien. Da hat früher einmal jemand von ganz weit oben seinen sandalenbeschuhten Fuß für einen Moment in den Mittelmeerraum gesetzt... Man schrieb das sofort Gott zu.

Zärtlich niedergeschlagen lade ich das Paket in den mit Piniennadeln überfüllten Kofferraum meines treuen Unterwegsautos. Entmutigend lebensfroh weiß ich jetzt, daß meine Fleisch- und Blutverweildauer auf der Insel nunmehr aus göttlichen, fünfzehn Wohneinheiten à sechsundsechzig Zentiliter besteht. Die Spannung nicht aushaltend, bringe ich schon im Auto eine ganze, dazu noch eisgekühlte Wohneinheit hinter mich. Das ist mathematisch-ideell durchaus exakt, einer meiner Wohneinheiten auf der Insel ist ja auch stets das Auto gewesen.

Aufmunternd depressiv halte ich unterwegs an. An einer dieser unversiegbaren Quellen am unmittelbaren Auslauf der zentralen

Berge fülle ich die letzten zwei Kanister mit frischem, kühlem Wasser. Noch sechzig Liter Wasser und vierzehn Wohneinheiten à sechsundsechzig Zentiliter, dann ist es soweit. Die Macchia duftet zentnerschwer nach Sommer. Stotternd schlucke ich ihren betörend paralysierenden Geruch mit Hilfe der nicht mehr ganz so eisgekühlten, zweiten Wohneinheit à sechsundsechzig Zentiliter hinunter. Es würgt mich, ich weine, es regnet nicht, keine Grille zirpt, dafür ist es zu heiß. Somit bin ich ganz allein. Erst, wenn die Sonne in einer ungeraden Hitzekurve zur kühlenden Dämmerungsgeraden aus dem gerade erst verlassenen Zenit herabsteigt, werden sie kommen. Die Familienväter mit ihren kanisterüberladenen Cinquecentos (Fiat 500. Anmerkung des Verfassers) und ihren Apen („ape" heißt wörtlich „Wespe". Aufgrund des wespenähnlichen Motorengeräusches werden in Italien die Dreiräder mit Ladepritsche so bezeichnet. Anmerkung des Verfassers.), deren Ladeflächen mit den verschraubbaren Plastikeinheiten überquellen. Jetzt ist es noch zu früh. In meiner Seele glühen Abbilder der Landschaft, zischende Brandeisen, die mich brennend tätowieren. Meine Augen sehen fast auf Sardisch. Jetzt bin ich ein Teil der Herde. Ich sollte mich nicht zu weit entfernen.

Hier und dort brennt es schon wertvolle Zipfel der Insel weg. Auch in dieser knochenbleichenden Trockenheit bin ich abschiedsaufgeschwemmt.

Hoch die Gläser und nieder die Tassen.

Mit dieser sehr undogmatisch demokratischen Bemerkung behaupte ich exakt genau das, was ich verbal empört ablehne, auch weil ich es aus tiefstem Herzen verabscheue – die ekelerregende Zweiklassengesellschaft. Auch, das nur am Rande, ganz nebenbei vergessend – diese Zweiklassengesellschaft spiegelt sich sogar am hitzeüberspannten Himmelszelt. Dort ist Gott natürlich first class, der Teufel ein Erstkläßler, dies jedoch auf Dauer, was ihn in den Stand eines Dauerkläßlers erhebt. Die Schuld für diesen ewigen Dualismus schieben wir oft auf das gerade Naheliegende. Ich, hier, noch auf Sardinien, zum Beispiel auf das Seebeben, welches gerade auf dem einundvierzigsten Breitengrad, westlich von Neapel und zwanzig Kilometer vor der Ostküste von Sardinien, etwa auf der Höhe von Posada, stattfindet. Wenn ich das jetzt leidenschaftlich zu Tode diskutieren würde, dann müßte ich in einem dieser Atemzüge, um deren Unauffälligkeit ich mich dann fleißig bemühte, eingestehen, noch nie gelebt zu haben. Da bebt die See, und schon drohe ich zu schizophrenisieren, mich womöglich gegen etwas zu wehren, was ich einfach nur bin.

Hoch die Gläser und nieder die Tassen.

Jeder unschuldige Elefant im Porzellanladen würde diese äußerst schiefe Ebene unmißverständlich gerade bewältigen, wenn auch klirrend und scheppernd. Dann trinke ich aus der Flasche. Eine weitere letzte Wohneinheit auf Sardinien, mit einem Gesamtvolumen von sechsundsechzig Zentilitern. Zehn Zentiliter davon begleiten ein Seebeben vor der sardischen Ostküste, welches mich auch an Land aus dem Gleichgewicht schwanken läßt. Leben, das mit einem Schlag in jeder Körperzelle zu spüren ist, ich wußte bis dahin gar nicht, daß ich so viele Körperzellen in mir beheimate.

Dann gerät jeder auch noch so einfach, doppelt oder mehrfach konstruierte Gesellschaftstypus aus den Fugen und wird zu einer ganz einfachen, einheitlichen Form – dem Menschen.

Dann wird alles gut. Oder auch schlecht.

Das spielt dann keine Rolle mehr.

Es folgt das schwierigste Kapitel eines sechsmonatigen, privaten Inselabdruckes – der Abschied. L'addio.

Um mich abzulenken, lese ich weiter in dem Artikel in der Nuova. Da hat in einem Dorf in den Bergen ein Siebzigjähriger seinem achtundsechzigjährigen Freund ein Messer in die linke Halsschlagaderseite gerammt. Das Opfer schwebt in Lebensgefahr. Gegenstand des Streits war ein Platz auf der Mauer neben der zentralen Piazza. Tag für Tag saßen die Alten über Jahrzehnte hinweg in der gleichen Sitzordnung auf dieser Mauer. Eines Tages, gestern, beschloß der Achtundsechzigjährige, der Jüngste unter diesen Alteingesessenen, die Reihenfolge in der Sitzordnung zu vertauschen. Sardinien. Sardegna. Halsschlagaderland.

Als ich wieder aufschaue, erinnere ich mich sofort. Das schwierigste Kapitel. Der Abschied. L'addio.

Dieses Kapitel möchte ich nicht als Finale bezeichnen, weil man nach solch einer langanhaltend porenglühenden Lebensflamme gerade im Abschied oft zu einer Art Ersatzspieler seiner eigenen Auswechslung wird. Da ist nicht einmal mehr geklärt, wer von einem selbst noch auf dem Platz, auf der Piazza, steht.

Zeitlos bin ich in die fortschreitende Zeitlosigkeit des festgesetzten Zeitabbruches gedriftet. Dennoch ist die Zeit tatsächlich. Tatsächlich ist die Zeit zu Ende gegangen. Auch ich hatte mir das gedacht. Sogar kopflos. Sardinien ist schwermütig, Sardinien ist schwer, aber immer noch leichter als die Perle in der Austernmuschel, die ich gestern in der Nachtglut des im Mondschein flirrenden Strandes gefunden habe.

Speranza. Hoffnung. Rationalster Gedankenbrückenbau wie zum Beispiel: Klar, wenn ich jetzt schon gehe, dann bin ich nachher weniger fort. Sagt die Behörde der Spielverzögerungstaktik in meinem schon auslaufenden Gehirn. Plötzlich ist alles so ratsam. Gerade sogar der Unrat. Schmeckt mir am Ende auch das Ungewollte? Das ist ja mein großes Sorgenpüppchen, welches jetzt aufgestanden zu sein scheint.

Ich sitze noch. Vor dem Café an der Piazza. Eingekreist von Atemlosigkeit konsumiert mich keine friedliche Stille mehr, ich unterhalte mich nur noch oberflächlich, wie poliert. Hauptsächlich starre ich in den Himmel. Ein ritterliches Lilarosa zur Sommernacht, entdeckt in einer mit Endlösung verfärbten Abenddämmerung, die lange den Atem anhält. Der Starkstrom im Wüstenwind ist geblieben, hat mir schon tagsüber die Gesichtshaut abgezogen. Wunderbar blank, mit der Unschuld eines Neugeborenen, liegen die Augen jetzt davor, und ich habe kein Bedürfnis mehr, sie zu schützen. Sie dadurch älter zu machen. Mit ganz verrosteten Farben habe ich vor ein paar Augenblicken sogar meinen Stuhlgang geregelt bekommen. Bedenkenlos beharrlich schütte ich das eine oder andere, eisgekühlte Bier darüber hinweg. Keine Genickstarre erfaßt mich, hüllenlos schwimme ich im magischen Magnet meiner Endzentrierung. Herzstechend nackt sitze ich auf meiner Lieblingspiazza, und keiner läßt sich das anmerken.

Come va? Wie geht's? Stai bene? Geht es Dir gut? Si. Ja.

Das bleibt, ich bleibe nicht, mit dem, was bleibt – und bleibe doch.

In Wirklichkeit ist das ein unwirkliches Ende.

Angelo hat sich zu mir gesetzt. Seine Anwesenheit tut mir gut, wie immer. Wir scherzen über morgen, als ob ich übermorgen auch noch hier sein würde. So selbstverständlich, daß ich Angelo frage, ob wir jetzt Neunzehnhundertneunundneunzig oder Zweitausend haben. Ob die Zeit zurückgedreht wurde und ich doch noch bleiben kann. Ob die Zeit nach vorn geschraubt wurde und ich bereits so lange weg bin, daß ich schon wiederkommen kann. Angelo überlegt nicht einen Moment, bevor er sich krachend lachend auf die Oberschenkel klatscht. Natürlich in seiner unnachahmlich faltenbefreienden Art. Diese Zeitverschieberei hält er wirklich für einen gelungenen Witz, der mit Leben und Tod nun auch wirklich gar nichts zu tun hat.

Reale Abschiedssequenzen mit gewürgten Schmerzfrequenzen.

Es ist nicht sehr sardisch, Schmerz offen zu zeigen. In Wirklichkeit könnte ich heulen, aber die Tränen sind schneller, ich bin da schrecklich umständlich. Meine Frau kann das bewunderswert viel direkter. Sie empfindet den Schmerz und weint dann. Darum beneide ich sie fast. Bevor man sprengt, müßte man lernen, wie man das Flüssige – die Tränen – erst gar nicht hart werden läßt. Dann müßte man logischerweise auch nicht sprengen.

Ein Ticket für die Fähre habe ich gekauft. Ratlos ziehe ich es aus der Tasche, betrachte die getippten Buchstaben meines Vor- und Nachnamens. Das soll meine Rückreise sein? Ich bin doch da! Muß ich mich so zielstrebig fixiert in messerscharfe Rundungen fallen lassen?

Auf der Piazza ist es wie jeden Abend. Ich liege nicht aufgeschlitzt abgerundet in seiner Mitte. Vor dem Brunnen erprobt eine kleine Menschenmenge mit aufgeblähten Kanistern den Geduldsfaden. Das Wasser plätschert ununterbrochen. Ein Abschiedstaumel ohne freien Fall.

In der Niederlage des Gehens möchte ich bleiben. Die Zahnräder meines Unwillens rasten genau dort ein – und hängen dann fest.

Klar ist das großartig gewesen, die Sarden haben mir erlaubt, Einblick in ihre Seele zu nehmen. Sie haben in diesem Fall sogar auf eine fast folkloristische Fassadenkultur verzichtet. Also bin ich auch glücklich. Also weine ich trotzdem. Also gehe ich jetzt etwas essen.

Für Henkersmahlzeiten gehe ich ausschließlich nur zu Sebastiano in die „Taverne“. Er ist perfekter Koch und Abschiedsspezialist in einem. Er hat diese sehr feingliedrige Sensibilität, an Henkersmahlzeiten nie eine Guillotine aufzutischen. Ich bestelle Cinghiale. Wildschwein. Mit dieser unnachahmlich süßsauren Sauce und gerösteten Kartoffelscheiben, so wie sie nur mein Freund Sebastiano zubereiten kann. Der letzte Bissen bleibt mir nicht einmal vor dem Halse stecken. Keine spastischen Würgereflexe und trübenden Augenwässerchen. Das Flüssigkeitsungleichgewicht zwischen Iriskreisel und Lidabstrich ist jedoch zumindest mit einem Würgen vergleichbar. Extra rasiert habe ich mich nicht. Der Stacheldrahtverlauf im Gesicht ist die Begrenzungslinie meines inneren Flüchtlingslagers. Der Wein ist schwer, und er bleibt es auch noch nach dem Espresso. Gut, Geschwindigkeit hat auch immer mit Gewicht zu tun, schließlich leben wir ja nicht auf dem Mond. Das Meersalz auf meiner Gesichtsoberhaut bleibt im inneren Nervengefrierschrank abgebunkert. Tipico tedesco. Typisch deutsch. Die haben ja auch schon vor dem Ersten Weltkrieg überall fleißig gebunkert.

In dem Gesicht meiner Frau liegt tief einbalsamierte Traurigkeit hinter einem auslaufend tapferen Lächeln. Gedankenverloren drücke ich mich im Aschenbecher aus, um mich gleich darauf mit einem Streichholz wieder anzuzünden.

In etwas Neues werde ich fahren, hier wird nichts beim Alten bleiben.

Es gibt nichts festzuhalten. Ich muß alles loslassen.

Sebastiano läßt das letzte Konzert von Fabrizio de André laufen. Es wurde kurz vor seinem Tod im Februar neunzehnhundertachtundneunzig mitgeschnitten. Die Sarden singen seine Lieder mit, als ob es ein fünfhundert Jahre altes Volksgut wäre, selbst zwölfjährige Technogören und Hiphoplümmel kennen seine Texte auswendig. In den siebziger Jahren wurde Fabrizio de André auf Sardinien von Sarden entführt. Dennoch hat er nie die Liebe zu dieser Insel und ihren Menschen verloren, immer wieder kam er vom Continente zurück, um auf sardischer Erde zu leben. Jetzt ist er seit über zwei Jahren tot. Seine Lieder in solch einem Abschied sind die perfekten Spiegelscherben für jeden Seelensplitter in mir. Da gibt es nichts mehr, was man vertuschen könnte. Für Wimperntusche müßte ich jetzt die Backstreet Boys hören.

Lebendigkeitsthermometer und Todesstarreskala hin oder her, unphilosophische Totlebendigkeit und lebendigtote Philosophie hin oder her – Leben und Tod, Tod und Leben ist die stärkste Paarbindung, die es jemals gegeben hat. Denke ich später, ohne zu denken. Als ich noch auf der Piazza vor einem Mirto sitze. Warum mir das jetzt eingefallen ist? Und vor allem: Was meine ich damit?

Anhand von dem, was ich nicht damit meine, kann ich das auch sofort erklären: Ich meine damit nicht: Auch ich könnte ja nachher, so lebendig wie ich bin, völlig überraschend von einem Auto totgefahren werden. Punkt. Das, was ich meine, hat auch schon ganz lebensnatürlich und todesselbstverständlich stattgefunden, als Hannibal samt Elefanten kathargisch dreist über die Alpen gegen Rom zog. Lebst du das Leben, dann stirbst du es auch, bist du im Tod gefangen, lebst du ihn auch gleichermaßen.

Da muß ich mir doch keine PS-Zahlen, keinen Hubraum, keine Bremsspuren und keine Unfallskizzen vor Augen führen. Wovon ich ohnehin nicht die geringste Ahnung habe. Also mich könnte jetzt getrost schadlos ein Auto überfahren, meine gedankenlosen Gedanken wären dieselben.

Denke ich unerdenklich auf der nächtlichen Piazza, während ich das nunmehr leere Glas Mirto anstarre und mich frage, ob sie mir da irgendein Prodepressiva reingemischt haben. Etwas geschmacksneutral Modernes, denn der Mirto schmeckte wunderbar nach Mirto. Ich bestelle noch einen und betone, daß es bitte noch einmal die gleiche Mischung sein muß. Es ärgert mich, daß mir ausgerechnet in diesem Moment auch noch Katja Ebstein einfällt, die ihren Schlager „Abschied ist in bißchen wie Sterben" zu einem durchschlagenden Erfolg gepiepst hat.

Vor mir liegt das letzte halbe Jahr. Die Insel hat mich so durchdrungen, daß auf meinem Porengeflecht kaum ein leeres Feld geblieben ist. Es müßte sie viel häufiger geben – die Pietros, die Giacomos, die Tonis, die Angelos, die Francas, die Sebastianos, die Rossanas samt Mütter und die Salvatores. Überall, wo sie nicht sind, da ist erst einmal Leere.

Es ist die letzte Nacht. Heute Morgen bin ich aufgestanden. Da liegen schon wieder Jahre dazwischen. Obwohl wir ja jetzt bekanntlich erst heute Nacht haben.

Die letzte Nacht. Ich befürchte, daß ich viel zu sardisch geworden bin, um noch einmal richtig deutsch werden zu können.
Dunkel verewigt sich in mir die Augenblicklichkeit.

Um mich von der alten Frau in Schwarz zu verabschieden, gehe ich auf die andere Seite der Mauer des Grundstückes, auf dem ich die letzten Monate gewohnt habe. In den letzten Wochen sprach sie immer häufiger davon, daß sie das allabendliche Kaminfeuer vermißt, obwohl die Außentemperaturen selbst nachts noch zündelten und brannten.

Ma il fuoco fa compagnia. Aber das Feuer leistet Gesellschaft. In den letzten Wochen sprach sie immer häufiger davon, daß es nicht notwendig ist, Worte zu wechseln, über das Wetter, die Blüte, den Wind, über die Touristen, die sich auf den Sommer hin immer zahlreicher in diesem sehr versteckten Winkel im Dorfzentrum verirrt haben – die Wortlosigkeit sei allein das Wissen, daß auf der anderen Seite der Mauer jemand wohnt. Daran erfreue sie sich, das beschütze sie, das leiste ihr Gesellschaft, das sei ihr tägliches Feuer im Sommer. Jetzt gehen wir auch.

Sie weint. Ich weine auch. Wir reichen uns stumm die ausgestreckten Arme. Wäre ich nicht fünfzig Zentimeter größer als sie, dann lägen wir uns jetzt weinend in den Armen. An wahrer Größe überragt sie mich um fünfzig Meter. Auch hier wäre eine direkt weinende Umarmung kaum möglich. Sie schüttelt den mit schwarzem Stoff umhüllten Kopf stumm hin und her. Sie bestellt Gottes Segen. Das Land ist tief ausgetrocknet. Zischend verdampfen unsere Tränen im ausgemergelten Staub.

Il fuoco fa compagnia. Das kommt jetzt aus ihren Feueraugen. Wir haben einander. Das haben wir vom ersten Händedruck an gespürt. Sie weiß nichts von mir. Ich weiß nichts von ihr. Der alte Waschstein steht leer, wir wissen umeinander. Ich schwanke, wie um doch noch zu bleiben, im Wissen, daß es nicht so ist. Sie ist vielleicht bald achtzig, ich fast zwei Generationen zurück. Wenn sie aus ihrem fast zahnfreien Mund spricht, verstehe ich sie kaum. Wenn ich meinen Mund mit dem deutsch akzentuierten Italienisch vollnehme, versteht sie mich kaum.

Unsere fast zwei Generationen auseinanderliegenden Hände liegen immer noch ineinander. Wir haben mit den Augen geredet.

Ja, wir haben uns verstanden.

Zum Schluß ist alles sorgsam gepackt. Wie das in diesem Abschiedstaumel ohne freien Fall sorgsam gelingen konnte, ist mir ein Rätsel. Ich schwitzte, glaube ich, vier Stunden lang ein paar Gallonen Wasser, dann war alles an Ort und Stelle.

Außer mir. Mich hatte ich verloren. Ich weiß auch nicht mehr, wo ich bin. Mein Kopf glüht wie auf einer Raketenabschußrampe in den zündenden Startsekunden. Ich kann mich noch daran erinnern, daß das Auto beim Beladen in allen vier Stoßdämpfern knackend nach unten gegangen ist und daß sich wirbelnde Staubfontänen durch die offenen Türen hindurch auf den Armaturen wahllos abgelegt haben. Sardische Freunde kamen vorbei, halfen, ließen Wein und Brot da, nahmen Abschied. Keiner ertrug lange die schwer zu schluckenden Schweigesequenzen. Ich auch nicht. Ich bin auch gegangen. Und weiß nicht mehr, wo ich bin.

Knallblauer Himmel, stechend orangegoldene Oleanderblüten, grellrote Fruchtansätze im Granatapfelbaum. Mit fester Hand biegt der Wind auch schwere Palmenblätter auseinander. Auf der anderen Seite der Mauer weint die alte Frau. Die Hitze paralysiert jede weitere Bewegung.

Ich muß gehen, weil ich nicht mutig genug bin zu bleiben. Alles andere sind sicherheitsbedingte Ausreden. Vergleichbar damit, daß ich morgen eine Lebensversicherung abschließe und mich dann in meinem Leben tatsächlich sicherer fühle. Manchmal könnte ich mich vor soviel Lebensunmut zu Tode trampeln. Manchmal – das ist ganz bestimmt jetzt.

Ich gehe noch einmal an den Strand. Ganz weit hinausschwimmen will ich, so weit, bis das sanfte Türkis unter mir pechschwarz wird. Und dann noch ein Stück weiter. Der scharfkantige Scirocco schiebt hochaufgerichtete Katapultschaumkronen Richtung Nordafrika. Meine Ringe und Ketten lasse ich am Strand. Übergangslos ins Wasser tauchend hoffe ich, daß es nicht ich sein muß, der die Frage zu beantworten hat, warum es jetzt auch unter Wasser schon Mauern gibt.

Es ist Nachmittag. Ein paar Stunden noch. Der Scirocco ist noch stärker geworden und mergelt kratzbürstig auf meiner Gesichtshaut herum. Mein Deportationsfilm aus Sardinien ist angelaufen, ein Miniatur-Ausschwitz im drohenden Niemandsland.

Mein letzter Gang in Orosei führt auf den Friedhof. Glutbeladen und atemlos stehe ich stumm an Pietros Grab. Meine Lippen murmeln, mein Herz schreit, meine Hände fragen, die Gruft schweigt.

Jemand hat am Morgen frische Blumen auf den roten Marmor neben sein Bild gelegt. Die Blumen haben sich in ein Trockengesteck verwandelt, so wie wir es von deutschen Friedhöfen an Allerheiligen kennen. Ich suche einen Rat bei Pietro und weiß, daß ich mir die Antwort bereits gegeben habe.

Er müßte mich jetzt in die Gruft hinunterziehen. Ja, dann würde ich noch bleiben. Es ist noch Siesta. Deshalb bin ich allein auf dem Friedhof. Schweißperlen von meiner Stirn tropfen auf den roten Marmor von Pietros letzter Stätte, ein paar Sekunden später ist alles trockengewischt. Kein Wunder, bei dem Putzfimmel, den Wind und Sonne heute haben.

Viele Verstorbene liegen in Schubladen, die man in Mauern hineingeschoben hat. Die Toten liegen nebeneinander, übereinander, untereinander, sich direkt gegenüber. Ein typisch italienischer Friedhof. Ich finde italienische Friedhöfe weitaus kommunikativer als jeden deutschen Friedhof. Nachts, wenn die Grabkerzen brennen, sehen die italienischen Friedhöfe aus wie beleuchtete Hochhäuser, die eng gegeneinander verwinkelt sind. Fast in jedem Fenster brennt Licht. Die Toten können in einer normalen Lautstärke miteinander reden. Auf den flächenhaft-eindimensionalen Friedhöfen in Deutschland müßte ein frisch Verstorbener lauthals schreien, würde er sich mit seinen ehemaligen Schulkameraden bekannt machen wollen. Auf den italienischen Friedhöfen ist es nachts fast angenehm totenstill. Am lautesten sind die Grillen und Zikaden. Auf den deutschen Friedhöfen wird nachts meistens kreuz und quer geschrien, geschimpft und geflucht, weil die Kommunikation der Toten ein fast anarchistisches Chaos ist, zwangsläufig sein muß.

Jetzt ist noch Siesta. Pietro spannt den Bogen, der Pfeil fliegt und bleibt mir im Gehirn stecken. Danke Pietro. Kraft deiner ausgezeichneten Schießkunst tritt der Gehirntod augenblicklich ein.

Es ist gleichgültig, ob ich gehe, ob ich bleibe. Es spielt in dem, was wirklich passiert und wirklich nicht geschieht, keine Rolle. In meinem Herzen trage ich Pietro von Irgendwo nach Nirgendwo, vom Gesamten bis ins Molekül, von Grenzen über alle Grenzen hinweg. Wenn er eines Tages, in diesen Friedhofsstunden zwischen uns beiden, auf mein Herz zielen sollte, dann habe ich verloren. Pietro trifft immer. Dann sterbe ich wirklich.

Sternförmig lege ich frische Blüten des Granatapfelbaumes auf die Grabplatte und küsse den glühendheißen Marmor. Ich bleibe auf den Knien und starre in eine der sardischsten Seelen von Sardinien.

Arrivederci fratello, auf Wiedersehen, Bruder.

Ci vediamo adesso, wir sehen uns jetzt.

DER NEUMOND IM ALTMOND

Fast übergangslos teilt sich die Abenddämmerung den Sonnenuntergang über dem Tuttavista ein. In der meinigen Person spricht sich die eigene Sprachlosigkeit schnell herum. Manchmal fragt man sich schon, ob man nicht viel zu nahe bei seinem Schutzengel steht.

Der Wind hat gedreht, ist jetzt fast subtropisch überdreht. Die Böen schneiden, wie von einem scharfen Obstmesser geschält. In dicken Kringeln ringelt sich die Luftfeuchtigkeit zu Boden.

Hallo Vermittlung, spreche ich hier jetzt endlich mit der Zeitlosigkeit?

Ich trinke an meiner letzten sardischen Wohneinheit à sechsundsechzig Zentiliter, sitze auf der Piazza, rauche eine Zigarette.

In den sardischen Gesichtern über den Einkaufstüten und den Händen in den Hosentaschen zeichnet sich ein vornächtlicher Goldrausch ab. So weichgezeichnet makellos, so faltenvielsagend melancholisch, so schmerzhaft glücklich. Mit sanften Flügelschlägen streicheln Möwen darüber hinweg. Jedes Lächeln geht auf zwei Beinen vorüber.

Oh wie wahr ist mir am Abend, wenn mit der zunehmenden Dunkelheit die Wirklichkeit höher wird. Hoffnungslos verlaufe ich mich in meinem Seelentiefdruckgebiet. Ich frage mich. Ich frage in das geordnete, mir nicht bekannte Skelett meines Körperlabyrinthes hinein, ob Mund und Augen gleichzeitig offen stehenbleiben können, ohne daß sofort ein Durchzug entsteht.

Die ersten Nachtgespenster haben dem Monte Tuttavista eine zartschwarze Haube aufgesetzt. Stolz, mächtig und mit angemessen würdevoller Geschwindigkeit sind die Täler in ihre Schatten zurückgekrochen. Die Luft ist immer noch bleischwer überhitzt.

In den sardischen Gesichtern über den Barhockern und den Händen in den Hosentaschen zeichnet sich ein nächtlicher Blaurausch ab. So hartgezeichnet makellos, so verzweifelt melancholisch, so schmerzhaft glücklich.

Gesetze ändern sich, die Gesetzmäßigkeiten noch nicht.

Wo geht es hin, das sardische Volk?

Die Geschichte sagt uns, daß die Sarden zwar immer ein Insel-, jedoch nie ein Seefahrervolk gewesen sind. Können sie noch einmal in die Berge zurück? Dort, wo sie sich gut verstecken können? Dort, wo sie sich gut gegen die anrollenden Werte, die keinen Inhalt mehr haben, verteidigen können?

No lo so. Ich weiß es nicht. Da ich eventuell viel zu pessimistisch bin, verspüre ich zumindest Frohsinn, kein Prophet zu sein.

Die Nachtlichter des Dorfes züngeln sich flackernd in die hohe Luftfeuchtigkeit empor. Das Schiff, welches mich einst hierher gebracht hat, wird nicht auf mich warten. Ich breche den Sichtkontakt zum sardischen Puls ab, ich breche auf.

Die längsten Bilder haben den kürzesten Aufenthalt.

Der Sommer, der jetzt kommt, flieht vor dem Herbst, der danach kommen wird. Die Dunkelheit vergrößert die Distanz. Die perlende Feuchtigkeit der Nacht durchnäßt meinen Schatten. Eine Schnee-Eule fliegt vom alten Gefängnisturm zur neuen Beute.

Ich?

Ich habe nur Staub gewischt, auf der Lampe Aladins.

EPILOG

Vorbemerkung zur Schlußbemerkung

Nun stehe ich vor der Frage, wie ich in diesem sardischen Gesamtzusammenhang „Epilog" definiere. Unter den neunundzwanzig mir bekannten Auswahlmöglichkeiten, die ich über Monate hinweg gewissenhaft gesammelt habe, entscheide ich mich jetzt für die folgenden drei Definitionen, die dann wiederum als eine Definition zu sehen sind:

Epilog 1: Sardinienschnelldurchlauf im Zeitraffer, das zeitsparend praktische Minihandbuch für den Inselsprint auf den letzten Metern.

Epilog 2: Sardische Seelengroßwetterlage, ohne gesamteuropäischen Zusammenhang.

Epilog 3: Checkpoint Sardo ohne Charly, der Ausblick im Rückblick. Eine erzählerische Blütenvielfalt in der blätterlosen Egozentrik.

In der chinesischen Sterndeutung bist du ein Hase. In den indianischen Sternzeichen bist du ein Otter. In deiner einheimischen Sterndeutung bist du ein Wassermann. In Wirklichkeit bist du eine blaue Weihnachtskugel, die sich damals entschlossen hatte, spätestens an Heiligabend, festlich geschmückt und charmant blitzend, an einem Stück sardischen Treibholz zu hängen.

So vorweihnachtlich stimuliert, bist du also im Hafen von Livorno zum siebenunddreißigsten Mal auf die Fähre nach Sardinien gestiegen. Bunte Weihnachtsbeleuchtung spiegelte sich auf den schillernden Ölfilmen im Hafenbecken. Dein Ziel war, wie schon die sechsunddreißig Mal davor (du Langweiler), die kleine Ortschaft Orosei an der sardischen Ostküste.

Bei so viel Übergewicht von innen heraus platzte sofort deine Haut. Auch widerfuhr dir ein flächendeckender Abriß deiner Seelenbänder, die du gut durchtrainiert gewähnt hattest. Mit dem Rücken zur Reling hast du gelächelt, aber natürlich hat es dir einschneidend wehgetan. Dieses siebenunddreißigste Mal wolltest du länger bleiben. So viel Freiheit auf einen Schlag geht selten schmerzfrei ab.

Die schweren Dieselmotoren des Schiffes stampften bebend auf. Auch beim siebenunddreißigsten Mal war Livorno plötzlich weg. Mit diesem Weg – Livorno kamst du plötzlich sehr gut voran. Du hattest ja damals noch diese rechteckigen Pfosten deiner Kindheit und Jugend in dir und mußtest auch nach sechsunddreißig Mal Inselrausch ganz von vorne anfangen. Das Lernen, im Herzen ein Vagabund zu sein, ohne Quadratwurzel und ohne Logarithmus. Du hattest noch immer dieses ausgesprochen glücklich gewählte Naturtalent, ausgerechnet aus den Dingen, die du nie gesehen hattest, ein großes Geheimnis zu machen. Diese Tarnung war jetzt nutzlos. Du wolltest sehen, du wolltest keine Geheimnisse mehr. Das hattest du schon begriffen, daß selbst rostende Wunden maximal abblättern, aber nie verschwinden.

Nebelbänke verschleierten erfolgreich die schäumende Wasseroberfläche. Das Schiff war draußen. Sein Bug schlängelte sich wellenweich durch das vermummte Wintermeer. Zwischen Überrealität und Untertraum – deine Fetzen von Schicksal. Unten im Schiffsrumpf sangen heimkehrende Sarden in italienischen Soldatenuniformen glücklich betrunken ihre alten Volkslieder. Du hattest dich wie die Soldaten gefühlt, es ging nach Hause. Endlich. Finalmente. Draußen auf dem Meer lag die ganze Überlandlosigkeit der Restunendlichkeit vor dir. Du hast geatmet, und dir fiel auf, daß du das schon lange nicht mehr gemacht hattest. Die Reling schwankte, du schwanktest. So rigoros vom Marterpfahl geschnitten, hättest du in diesem Moment auch springen können.

Nach einer jahreszeitlichen Dunkelheit tauchte die Insel auf. Sardinien.

Ein Niemandsland, pochend nahe an deiner Heimatwurzel. Noch unwirklich, weil der Schiffsknotentakt für deine innere Reisegeschwindigkeit viel zu hoch gewesen war. Dünne Rauchfahnen aus verwitterten Kaminen fielen vom Land her schlingernd in den weit geöffneten Mund des Windes. Er hatte an diesem Tag Maulsperre und dich stürmte es morgendlich winterfrisch in windstillere Nischen des Schiffes. Dein Atem hauchte gierig vor und zurück und wollte mit jeder ausgestoßenen Wolke eine Zukunft gestalten, die nicht mehr ein Fortsetzungsroman der Vergangenheit sein konnte. Ich weiß noch, schon da, noch bevor du den sardischen Boden überhaupt betreten hattest, fühltest du dich irgendwie ins Glück gepreßt. Die Schiffsrampen wurden schon nicht mehr von drängelnden Autos, Bussen und Lastwagen befahren. Als letzter bist du rollend von Bord gegangen. Wahrscheinlich schwebend, ein roter Teppich wäre vollkommen überflüssig gewesen.

Dieselschwermut und Zollabgase lagen rasch hinter dir. Der Himmel wurde möwenfrei, entgraute sich zerrissen. Eine fast orientalische Gewürzmischung verdichtete sofort deine Nasenlöcher, die ja bekanntlich nicht die kleinsten sind. Die Winterinsel explodierte in einem Superblütengau. Vor dir, nur noch von der Sonne gekreuzigter Asphalt. Es inselte gehörig in deinem Festungsfestland.

Du bist nach Süden gefahren, Richtung Afrika. Im Angesicht der überquellenden Fruchtbarkeitszuschläge am Straßenrand stach dein Herz plötzlich wild auf dich ein. Da wollten selbst deine Stirnhöhlen nicht mehr miteitern. Straßenschilder auf dem abgeschlagenen Asphalt, Richtung Orosei, fast alle mit Schrot durchsiebt. Siniscola. Santa Lucia. Sos Alinos. Ganz nahe dran warst du jetzt. Schon hattest du jede Schafherde mit einem italienischen Namen begrüßt, schon kanntest du plötzlich jeden Zentimeter Straßenrand und drücktest das Gaspedal durch. Zwischen Sos Alinos und Orosei liegt auch heute noch dein von dir sogenanntes „argentinisches Hochland“. Immer, wenn wir zusammen nach Orosei gefahren waren, hattest du mir an dieser Stelle davon erzählt. Wir waren oft zusammen nach Orosei gefahren, im Laufe der Jahre erzähltest du wahrlich nichts Neues mehr. Du hattest es einfach billigend in Kauf genommen, mich zunehmend damit zu langweilen, mit dieser schroffen Hochebene kurz vor Orosei, vor den bizarren Bergen im Hintergrund und hinter den pampaähnlichen Gewächsen im Vordergrund, die auf dich wie argentinisches Hochland wirkten. Obwohl du selbst nie in Argentinien gewesen warst. Und daß du dich, ungeachtet dieser Tatsache, unbelehrbar auf die als Gauchos getarnten Partisanen im Unterholz immer wie ein kleines Kind gefreut hattest. Als Gipfel dieser Hinrichtung hattest du sogar einmal deine Hoffnung erwähnt, vielleicht doch noch eines Tages Eva Perón begegnen zu können. Dort oben, über dem sardischen Hochland, in diesem wattegebauschten, blauweiß getünchten Himmelsgeflecht. Dann hinunter in die Ebene von Orosei. Du mußtest dir vorgekommen sein wie eine klatschnaß geschwitzte Adrenalineruption, wie eine nach oben drängende Niederkunft. Alles lag gleißend unwirklich in der Sonne, der Cedrino hatte Wasser, die Ebene fruchtete über ihre Ränder hinaus auf das Meer zu. Das Leben hatte fast keinen Schatten mehr. Längst hattest du am Straßenrand angehalten und stelltest sofort eine persönliche Bestleistung im Hochsprung auf. Ohne Überrolltechnik, ohne Fosbury Flop. Einfach so.

Und Monate würdest du da jetzt leben, dort unten in der Ebene, im Centro Storico von Orosei, mit Dachterrassenblick auf das Meer. Im Lebensrhythmus eines Dorfes zwischen Tradition und Internet.

Orosei im Winter. Ein weit offener, bunter Blütenkelch, inmitten einer verwilderten Steinwüste. Das Meer spiegelte glitzernde Wellenkämme gegen einen gegenlichtig nicht zu erkennenden Horizont.

Dein Leben machte plötzlich wieder Sinn. Das wurde auch höchste Zeit. Du warst schon der Fata Morgana der Lebensmüdigkeit auf der Spur. Als wir uns das letzte Mal vor deiner Abreise gesehen hatten, sprachst du sogar schon von einer heißen Spur. Dafür hattest du extra ein außertödliches Detektivbüro beauftragt. Die ersten Recherchen lagen schon auf deinem Schreibtisch. Du warst fertig. So außertödlich sah der Umfang des Gesamtpaketes nicht mehr aus. Du konntest dir das Sterben nicht mehr für schlechtere Zeiten aufheben. Es war schon da.

Monate würdest du dort jetzt also leben. Aus der Unendlichkeit heraus würde in rasender Geschwindigkeit alles näherrücken und sich dann auf einen einzigen Punkt verdichten. Kein grüner Punkt, kein Punkt in Flensburg, kein Scheitelpunkt, kein Anklagepunkt, kein Doppelpunkt. Fairerweise muß ich es jetzt hier erwähnen: Der arme Punkt.

Die Tage vergingen dann wie Blitzlichter. Und für ein paar Sekunden würdest du auch dabeigewesen sein. Eine an das Lattenkreuz genagelte Zukunft, die wegen einer Zeitvergänglichkeitskrise im billigen Blattgoldrahmen zu hängen hatte. Es sollte dein Hobby werden, mit offenen Augen in die Versenkung zu stürzen. Du warst einfach nicht davon abzubringen, starrend aufgepeitscht in hochlebendige Gesichter zu fallen. Sardische Gesichter. Durchdringende Gesichter, in denen kurz vor der letzten Öffnung die Fensterläden zugeklappt waren. Gesichter, an denen die Erfindung des Deckweiß schlicht vorübergegangen war. Lachende Gesichter, in deren Lachfalten zitternde Wurfmesserklingen der Melancholie steckten. Zu liebende Gesichter, die sich wie Brandmale tief unter deiner Haut festfraßen.

Ein Zeitraum von ein paar Monaten ist eine klare, überschaubare Sache, auch direkt vor und direkt nach einem Milleniumswechsel. Aber deine Zeit, die spielte irgendwie verrückt, die tickte in deinem Inselrausch von Anfang an nicht richtig.

Zeitlose Tage. Taglose Wochen. Monate ohne Jahreszahl. Halbjährlichkeiten wie Sekundenkleber. Du saßest und saßest, auf den Piazzas, vor den Cafés, in den schmalen Gäßchen der Altstadt, am Strand, auf den Stufen zu San Giacomo hoch, in den vielen kleinen Bars, bei Freunden im Hinterhof. Und hattest sie gesehen. Die Sarden. Mit ihrem fundamentalen Haupttransportmittel – der Plastiktüte. Am Rande bemerkt, darin hattest du sofort etwas Wunderbares erkannt:

In einer Plastiktüte das zulässige Gesamtgewicht seines Herzens zu transportieren – diese Lebenskunst beherrschen in Deutschland gerade einmal noch die Penner. Sich mit Plastiktüten bis an die Zähne zu bewaffnen und dann noch eine charmante, stolze, kokette und draufgängerische Ausstrahlung zu haben, das ist zwar klassisch sardisch, vielleicht gerade noch klassisch italienisch, aber eben nicht originär sardisch und schon gar nicht originär italienisch.

Nein, irgendwann früher einmal mußte dieses Sardinien nachhaltig verrutscht sein. Vielleicht schon in seiner Entstehungsgeschichte vor circa siebenundzwanzig Millionen Jahren. Nicht sehr lange blieb die heutige Insel ein fester Bestandteil der europäischen Festlandsplatte. Die sehr selbstständige Entbindung mit Preßwehen erfolgte in der heutigen Bucht von Marseille. Durch den heftigen Geburtsdruck drehte sich das abgebrochene Stück erst einmal um sechzig Grad gegen den Uhrzeigersinn, bevor es mit rascher Geschwindigkeit, das dauerte ungefähr sechs Millionen Jahre, direkten Kurs auf Afrika nahm. Frontal mit Afrika zusammenprallen wollte das kecke Stück aber nun auch nicht unbedingt. Der entschlossen durchgeführte Bremsvorgang wurde auf den heutigen Längen- und Breitengraden von Korsika eingeleitet. Nach einer langen, heftigen Bremsspur, zwischen Korsika und Sardinien schäumt es deshalb heute noch gewaltig, hielt die so entstandene Insel genau dort im Mittelmeer an, worauf die Fähren von Genova, von Livorno oder von Civitavecchia heute noch Kurs nehmen, um Touristen in eine eigentümlich eigenverzauberte Welt zu bringen.

Vielleicht gibt es diese Eigenheit Sardinien aber auch deshalb nur, weil Gott von Anfang an mit im Spiel gewesen ist. Dann könnte es sich natürlich auch so zugetragen haben:

Am siebten Tag ruhte Gott und sah deshalb vornehmlich ruhig auf die Erd- und Wasserflächen, die er in der Weltrekordzeit von sechs Tagen geschaffen hatte. In diesem meditativen Schweifen, hinweg über das Wunder schlechthin, fuhr er so jählings auf, daß er kopfüber aus seiner Himmelshängematte stürzte. Er hatte entsetzt festgestellt, daß der westliche Mittelmeerraum eine einzige, gähnende Leere geblieben war. Langweilig. Unästhetisch. Einfallslos. Ein augenscheinlicher Störenfried in der harmonischen Gesamtkomposition. Mit blauen Flecken auf der Brust, er hatte bei seinem Sturz aus der Himmelshängematte eine Gewitterfront gestreift, unwillig brummend ob der unfreiwilligen Ruhestörung, fuhr Gott also auch am siebten Tag auf einen kurzen Sprung zur Erde hinunter. Um das Ruhegebot nicht allzu sehr zu strapazieren, ließ er sich ohne Zwischenstop und mit Überschallgeschwindigkeit in den westlichen Mittelmeerraum fallen. Zur Landung setzte er einmal kurz seine zwei Füße auf das in dieser Gegend wohnende Meer, bevor er athletisch abfedernd wieder zu seiner Hängematte hochschnellte. Ein Fußabdruck davon wurde Korsika, der andere Sardinien. Womit auch nebenher, dafür um so evidenter, bewiesen wäre, daß Gott auf zwei ganz verschiedenen Füßen gelebt hatte. Ist Korsika, der rechte Fuß, in Schuhgröße neununddreißig zu Hause, dann hat Sardinien, der linke Fuß, seine Springerstiefelheimat in Schuhgröße dreiundvierzig.

Das feuchtigkeitsumwobene Sardinien hatte sich von Anfang an die Hebamme Gott gut gemerkt. Der Sündenapfel verfaulte dort sofort im Zeitraffer, dem Blickwinkel der eroberungskriegerischen Besatzer wurde ein göttlich verzerrendes Fischauge aufgesetzt. Sardinien war von circa tausend vor Christi Geburt bis heute immer besetzt, ausgenommen die Jahre von sechshundertsiebenundachtzig bis neunhundertachtundneunzig nach Christi Geburt. Heute, als autonome, italienische Region, ist die Insel vom italienischen Machthunger, von italienischer Korruption und von gezielter, italienischer Mißwirtschaft besetzt. Und doch sind die Sarden nie wirklich besetzt gewesen. Weil die Verzerrung durch dieses Fischauge keinen wirklichen Zugang zu ihrer Lebenskultur, zu ihrem Glauben, zu ihren Gewohnheiten und zu ihren Herzen zugelassen hat.

Stunde um Stunde saßest du auf der Piazza del Popolo in Orosei, direkt neben der Kirche San Giacomo. Du hattest die Männer von den Feldern heimkehren sehen. Du hattest den weißen Staubfahnen nachgestarrt, wenn die Arbeiter die Marmorsteinbrüche verließen. Du hattest den Priester mit seiner Gemeinde betrachtet, wenn sie, nach dem Gottesdienst andächtig versunken die schwarzen Marmortreppen heruntergeschwebt kamen und sich der Dreiklang der Kirchenglocken voluminös darüberlegte. Da hattest du das oft gedacht, daß der Gott der Sarden draußen auf dem Feld sein muß. Nicht über den rötlich-weißen Pulverschichten von durchgesägten Marmorblöcken. Und auch nicht unter der Kirchenkuppel über vakuumgefüllter Ratlosigkeit und luftleerer Starre. Nein, für dich lag die Heiligkeit draußen auf freiem Feld aufgebahrt, und du warst dir sicher, daß genau dort der göttliche Pachtvertrag für den Garten Eden von den Sarden, dem auserwählten Volk, erfüllt wurde.

Kein Sarde würde auf die nächste Umarmung von Judas warten.

Kein Sarde würde einschlafen, um zu beten.

Gerade die deutsche Geschichte lehrt, daß einem wirklich nichts Neues einfällt, wenn das Alte zwanghaft nicht vergessen werden darf. Die Geschichte der Sarden, diese Geschichte von Besatzung, Ausbeutung, Ignoranz, Auslöschung, aber dadurch auch von um so ureigenerer Tradition und Naturverbundenheit, von um so tiefverwurzelterem Widerstand und Patriotismus, diese Geschichte ist gleichzeitig ihre reale Gegenwart. Du warst dir da schon immer ganz sicher, daß den Sarden dazu ganz bestimmt bald etwas Neues einfallen wird. Einmal sagtest du zu mir: „Hoffentlich nichts Todsicheres."

Im Wissen, nicht älter als die eigene Geschichte zu werden, da wirkte der von dir in fünf Liter Gallonen in der Cantina Sociale gekaufte Wein Schluck für Schluck wie Espresso. Das hättest du alles noch viel bunter treiben können, um es letztendlich einfarbig zu lassen. Du liebtest das Sardische, die sardische Seele. In dich hinein und über dich selbst hinaus. Schon seit langem.

Die Holztür war weit offen, im Kamin tanzte das Feuer mit den Rauchfahnen aus Meerkirschenholz, die Meeresbrandung schickte dir mit dem zuverlässigen Nachtwind abgedunkelte Expreßpostkarten, die Sterne fielen eindeutig in die weit offene Holztür hinein.

Heute für heute warst du verzaubert entgleist, um morgen für morgen gestellwerkt weiterzuweichen. Sogar zu entweichen. Diesem Uhrwerk Deutschland zu entweichen, in dem du sogar lebendig kaum mehr deine eigene Glücksseligkeit ertragen konntest. Auf Sardinien kamen für dich zuerst die Antworten zur Ruhe, und dann wurde es auch zunehmend, wohltuend schwierig, von Anfang an eine Frage zu haben. Du konntest dann gerade in dem Moment schweigen, in welchem du plötzlich viel zu sagen gehabt hättest. Windtriefende Wattebauschwolken und die sardischen Geschichten aus dem richtigen Leben verdichteten deinen Blutdruck, gaben deiner Iris die Regenbogenfarben zurück.

Auge um Auge, Seele um Seele, Zahn um Zahn. Glückseligkeit um Glückseligkeit, Herzlichkeit um Herzlichkeit, Aufbegehren um Aufbegehren.

Und plötzlich war dein finaler Abschied endgültig eröffnet. Da warst du noch nicht einmal im allerersten Arrivederci angelangt – und schon befandest du dich im allerletzten Lebewohl.

Natürlich wolltest du nicht. Natürlich hattest du dir trotzig immer wieder gesagt: „Der Raum, in dem man alles einfach akzeptiert, das heißt, dagegenspricht – und es trotzdem so weiterlaufen läßt, der ist ja schon von der Politik besetzt." Dieser dir schon immer innewohnende Trotz erreichte sogar das infantile Gardemaß von Aussagen wie: „Hauptberuflich im Leben zu stehen, heißt, sich permanent zu bewegen. Auch das Zurück ist Bewegung."

Na danke. Das hatte den Charakter einer Postkarte, die Hermann Hesse von Orosei ins Kloster Maulbronn geschickt haben könnte, auf der kommentarlos zu lesen gewesen sein würde: „Unterm Rad ist alles noch viel eckiger."

Wahrscheinlich war es sogar viel schlimmer. Dein Abschied von Sardinien. Ein- und Ausatmung fanden keinen Rhythmus mehr, du selbst konntest dich nicht mehr beatmen. Mit einem Mal warst du dann auch nachts so jämmerlich halberleuchtet auf der Kloschüssel gesessen, um die großen Geschäfte zu erledigen. Obwohl du morgens und den ganzen Tag über auch schon in der gleichen Angelegenheit dort gesessen warst. So richtig dünnflüssig und rundum gespritzt ging das vonstatten. Und nachts bekamst du nicht mehr den Hauch einer Kurve in den Schlaf. Obwohl dir auch in anderen Zusammenhängen noch nie die logische Gerade dafür gelungen war.

Abschied von Sardinien. Die sardische Seele verlassen. Die Melancholie über den Luftspiegelungen im ausgelöschten Sonnenuntergang. Die permanente Dämmerung im Herzen. Das auch bedenklich Schöne. Die erdrückende, aber auch behütende Enge. Die schwermütigen Augen, auch in den lachenden Augenblicken. Das mühsam zurückgehaltene Temperament. Die Offenheit, auch in den Eingängen mit Tür. Die Haftbedingungen der Tradition als Schatzhüter einer unschätzbaren Werteskala. Den sardischen Stolz als Stolperstein auf dem Geschwindigkeitstachometer des Fortschrittes. Den Glücksfund in der Bescheidenheit. Die Überland-Gastfreundlichkeit. Den Scherz, der nicht diskutierend in die Tiefe gesprochen, sondern gelebt wird. Die Erdverbundenheit auf einem Zipfel der Welt, der ringsum nur von Wasser umgeben ist. All das verlassen. Abschied von Sardinien. Die sardische Seele verlassen.

Für dich waren das rabenschwarze Tage unter tiefblauem Himmel. Dir graute vor dir, in diesem grauen Licht hinter deiner mit Tränen verschleierten Sonnenbrille. Manchmal mochtest du nicht mehr hinsehen. In die Gesichter, auf das Meer, in die Farben, auf das alte Gemäuer, in die Seelen. Von diesem fernen Anfang an, so ein nahes Ende.

In diesen Tagen spürtest du deutlich, daß der Schmerz ein Linkshänder sein mußte. Schon vor deiner Abreise aus Sardinien sollte dieses Deutschland bereits schon wieder auf dem Fließband nachgeboren worden sein.

Du hattest gelernt. Vom sardischen Volk. Von den Contadinos, den Fischern, den Minenarbeitern, den Barbesitzern und denen, die sich unter ihren Fittichen vollaufen haben lassen. Von den Händlern hattest du gelernt, von den Kinderschreien und direkt aus den alten, wettergegerbten Gesichtern. Du hattest gelernt, daß Stolpersteine auf der Geschwindigkeitsskala des Fortschrittes nur von den Medien und, da dahintersteckend von ganz bestimmten industriellen Geldmaschinerien, als Rückständigkeit diffamiert werden. Du hattest gelernt, daß genau diese Stolpersteine der eigentliche Fortschritt sind. Du hattest gelernt, daß theoretische Tatsachen und tatsächliche Theorien auch zusammen nicht einmal den Hauch einer Wahrheit ergeben. Du hattest gelernt, daß es darum geht, in das Altern mit Akzeptanz zu wachsen, ohne erwachsen zu werden. Du hattest gelernt, daß der Versuch einer Zeitlosigkeitskonservierung zwangsläufig zur Alltagsunfähigkeit führt.

Als ich dich damals noch kannte, standest auch du selbst viel zu oft Schlange vor dem Lebenstraum. Wie vor dem Klo. Auch das hattest du jetzt begriffen.

Das sardische Volk war dir die Schulter eines Bruders und die Wange einer Schwester. Zumindest immer dort, wo das Überfallkommando Tourismus die Schulter und die Wange noch nicht brechen konnte. Auf Sardinien findet man sie *noch*, ohne danach zu suchen.

Diese Schulter und diese Wange, die direkt aus dem Bauch der Geschichte kommen.

Diese Schulter und diese Wange, die so nahe am Herzen geblieben sind.

Unser müder Held, den wir ja jetzt lange begleitet hatten, ging also zurück nach Deutschland. Gastarbeiten in seiner Geburtsheimat.

Somit stellt sich am Schluß dieses Epilogs selbstverständlich die Frage:

Sardinien, wo gehst du eigentlich hin, jetzt, nachdem dich unser Held wieder einmal verlassen hat?

Oder:

Wirst du letztendlich wohl in einem stillstehenden Gleichgewicht verhaftet bleiben, was von außen, zum Beispiel von uns hochtechnisierten Deutschen, als fehlender Fortschritt, also als rückständig abgetan wird?

Die Sarden wollen vorwärts. Das Vorwärts ist so visuell. Satellitenprogramme, Gameboys, Internet, Touristinnen am Strand, die aber schon einmal nackter gewesen sind, der aktuelle Börsenbericht im Laptop und das Handy in der Gürtelschlaufe, die neuerdings sichtbar geworden ist, weil man dafür die Hemden samt ihrer traditionell kunstvollen Stickereien, die oft erst unter der Gürtelschlaufe anfangen – und die man früher deshalb einfach lose über die Hose getragen hatte – in die Hose stopft. Handy vor Handarbeit, und das allabendliche Glücksrad im Fernsehen wird den knarrenden Achsen der Ochsenkarren vorgezogen. Schade, denn genau die hätten den Vorwärtsüberdruck vielleicht noch aus diesem ganzen Flimmerdreck herausziehen können, um ihn dann noch gewissenhaft visueller zur Seite zu stellen.

Dieser überfallartige, panische Drang nach vorwärts ist sehr verständlich. Vor allem, wenn man als rückständig betrachtet wird. Schnell muß das jetzt gehen. Das Hemd in die Hose stopfen. Langeweile stopfen. Frust stopfen. Öde stopfen. Auswanderungswillen stopfen. Wut auf Touristenüberheblichkeit stopfen. Ist das also der Fortschritt?

In diesem Fall scheint es wohl mehr Sinn zu machen, wenn die Großmutter die Löcher in den auf den Feldern getragenen Socken stopft.

Die Sarden wollen vorwärts.

Heißt „vorwärts“ die Abkehr von gewachsenen Traditionen? Von den erzählenden Lippen des Nonno, des Großvaters? Von dem schüttelnden Kopf der Nonna, der Großmutter? Vom stillen, heißen Atem eines Rosmarinbusches?

Heißt „vorwärts“ die Abkehr von dem Wissen um jeden Baum, um jede Windrichtung und von dem Wissen um jede Schattensehnsucht?

Welche sicheren Werte gibt es denn noch, auf dieser anderen Seite von „vorwärts“?

Ist Fortschritt, Technologie, Individualisierung, Maximierung, Professionalisierung und Globalisierung nicht am Ende eine leere Menge, das heißt, die leere Schnittmenge aus gehaltvoll gewachsener Tradition und haltlos entartetem Weltall?

Was da tun, als Sarde?

Ich, als per Personalausweis ausgewiesener Nichtsarde, kann die Sarden gut verstehen. Auch ich würde ganz visuell hinsehen. Auf das Moderne, auf das Flimmernde, auf die nackte Touristin am Strand. Und dann doch in den würzigen Hitzestillstand in einem Rosmarinbusch zurückkehren.

Viel Kritik an den Sarden. Geschichtlich. Wirtschaftlich. Soziologisch. Politisch. Klinisch. Interregional und global. Viel Kritik von außen.

In dieser Kritik, die ich in manchen Punkten teile, bewundere ich zutiefst respektvoll das Festhalten der Sarden. Das Festhalten an den überlieferten Werten, Traditionen, Moralbegriffen, das Festhalten an den ungeschriebenen Gesetzen und verinselten Denkanschauungen.

In diesem pseudozivilisatorischen Wettlauf um Tausendstelsekunden – man muß das einmal in Relation zur Ewigkeit sehen und findet dann vielleicht zum Begriff „Entmenschlichung“ – schafft dieses bremsende Festhalten größte Schwierigkeiten. Natürlich muß man sich öffnen.

Bleibt die spannende Schlußfrage: Für was ?

Meistens, das heißt in meinem eigenen Grund felsenfest, denke ich sogar: Wenn ihr Sarden euch öffnet, dann haltet nicht nur fest, sondern geht auch gleichzeitig zurück.

In das Gennargentu. In die inneren Berge. Dorthin, wo es in dreitausend Jahren Geschichte noch keinem gelungen ist, euch wirklich zu besetzen.

Laßt euch nicht überrollen, im Notfall stolpert zurück. Dorthin.

Ihr Sarden seid so richtig dort.

Im Zeitraffer des permanenten Fortschrittes ist das schon eine absolute Meisterleistung, es bis dahin zurückgeschafft zu haben.

Das ist Zivilisation!

Wir europäischen Nichtinsulaner, die noch viele Tausendstelsekunden schneller werden wollen, entfernen uns während der Dauer einer einzigen, weiterverkürzten Tausendstelsekunde um Jahrzehnte davon.

Sardinien.

Von Ewigkeit an hat dich der Wind umarmt, von Norden, von Süden, von Osten, von Westen – und läßt dich nicht mehr los.
Ich, per Personalausweis ausgewiesener Nichtsarde, behaupte:
Du tust gut daran, offen in seinen vier Armen zu bleiben.

FINALEPILOGISCHES SCHLUSSWORT

Wenn Sie Leser jetzt nach alldem glauben,
daß ich die Geschichten in und um Orosei herum
und das sardische Volk schlechthin
viel zu wohlwollend verherrlicht habe,
dann liegen Sie goldrichtig.
Hauptsache, Sie haben begriffen,
daß es mehr als einen Grund
und im Grunde tausend Gründe dafür gibt.

VIVA LA SARDEGNA!